U0553357

新能源汽车故障诊断技术

主　编　张　利　宫英伟　高　燕

副主编　宋　明　侯红宾　吴　可

参　编　沙　颂　张　振　崔丹丹

　　　　高雪娇　薛　菲　王瑞媛

机械工业出版社

本书为新能源汽车技术及新能源汽车维修专业方向的教材。全书采取项目引领任务驱动的方式进行编写，通过充分运用校企合作的资源优势将新能源汽车维修中4类典型职业活动转化成4个项目，新能源汽车低压供电异常故障诊断检修、新能源汽车高压上电异常故障诊断检修、新能源汽车充电异常故障诊断检修、新能源汽车行驶异常故障诊断检修。4个项目中融入了9个典型高频工作任务，即将9个故障案例转化为学习任务。另外，直流充电故障诊断检修的内容放在本书的配套PPT中。

本书既可作为职业院校新能源汽车相关专业的教材，还可作为新能源汽车行业相关岗位培训用书和汽车爱好者的参考用书。

本书配有电子课件、电子教案、课后习题、动画视频和习题答案。凡选用本书作为授课教材的教师均可登录 www.cmpedu.com，以教师身份注册后免费下载教学资源，咨询电话 010-88379201 或加 QQ1006310850 索取资料。

图书在版编目（CIP）数据

新能源汽车故障诊断技术／张利，宫英伟，高燕主编. -- 北京：机械工业出版社，2024.9. -- ISBN 978-7-111-77063-3

Ⅰ. U469.707

中国国家版本馆 CIP 数据核字第 202485DQ66 号

机械工业出版社（北京市百万庄大街 22 号　邮政编码 100037）
策划编辑：曹新宇　于志伟　　责任编辑：曹新宇　于志伟
责任校对：潘　蕊　梁　静　　封面设计：张　静
责任印制：常天培
北京铭成印刷有限公司印刷
2025 年 1 月第 1 版第 1 次印刷
210mm×285mm · 14 印张 · 385 千字
标准书号：ISBN 978-7-111-77063-3
定价：55.00 元（含工作页）

电话服务　　　　　　　　　　　网络服务
客服电话：010-88361066　　　机　工　官　网：www.cmpbook.com
　　　　　010-88379833　　　机　工　官　博：weibo.com/cmp1952
　　　　　010-68326294　　　金　书　网：www.golden-book.com
封底无防伪标均为盗版　　机工教育服务网：www.cmpedu.com

前言
PREFACE

为适应我国新能源汽车产业发展快速变化的形势，满足企业对新能源汽车技术人才的需求，紧密结合目前新能源汽车专业的教学需求、填补新能源汽车技术专业方向教材的空白，我们组织企业专家、职教名师以及长期从事新能源汽车教学的一线教师编写了本教材。本教材遵循学习者的认知规律，将新能源汽车故障诊断的工作流程和新工艺进行项目任务式转化，创新教学模式，并将多年来课程改革成果融入教材中。

本教材具有以下特色：

1. 教材内容紧扣"岗课赛证"的要求。通过调研分析新能源汽车维修岗位，提炼典型工作任务，分析职业能力，引入"新能源汽车维修故障案例库"，基于专业教学标准、新能源汽车技术国家标准、新能源汽车 1+X 职业技能等级标准、对标全国技能大赛的要求，对教材内容进行了转化。

2. 教材内容采用项目引领、任务驱动的模式，构建了 4 个项目 9 个工作任务。内容选取了新能源汽车维修岗位高频次的工作任务，对接新能源汽车新技术、维修诊断新工艺、新规范，对应全国新能源汽车维修技能大赛要求。

3. 教材配套数字化资源助力混合式教学，每个工作任务配套工作页、动画和视频等资源。已经成功申报北京市市级精品课，学习者可以在线学习。教材适用于新能源汽车技术、新能源汽车检测与维修技术等相关专业方向的中高职阶段的学习，同时也满足行业人员、线上线下学习培训的需求。

4. 教材内容有机融入新能源汽车职业素养元素，培养学生具有安全规范、精益求精的工作作风和严谨求实的劳动态度，树立学生的民族自信心和家国情怀，最终使学生德技并修、知行合一。

限于编者水平，书中难免有疏漏和错误之处，恳请广大读者提出宝贵建议，以便进一步修改和完善。

编 者
2024 年 7 月

二维码清单

名称	图形	名称	图形
任务 1　低压供电异常-低压电源供电故障案例		任务 7　交流充电异常故障案例	
任务 2　低压供电异常-启动系统故障案例		任务 8　行驶异常-驱动电机控制系统故障案例	
任务 3　高压上电异常-绝缘故障案例		任务 9　行驶异常-驱动电机过热报警故障案例	
任务 4　高压上电异常-BMS 异常故障案例		新能源汽车 BMS 系统故障诊断检修-故障预诊	
任务 5　高压上电异常-高压互锁故障案例		新能源汽车 BMS 系统故障诊断检修-诊断排故	
任务 6　高压上电异常-动力 CAN 故障案例		新能源汽车交流充电故障诊断检修-故障预诊	

名称	图形	名称	图形
新能源汽车交流充电故障诊断检修-诊断排故		新能源汽车启动系统故障诊断检修-诊断排故	
新能源汽车低压供电系统故障诊断检修-故障分析		新能源汽车故障诊断检修-工作前的准备	
新能源汽车低压供电系统故障诊断检修-故障预诊		新能源汽车高压互锁系统故障诊断检修-故障预诊	
新能源汽车低压供电系统故障诊断检修-诊断排故		新能源汽车高压互锁系统故障诊断检修-诊断排故	
新能源汽车动力 CAN 故障诊断检修-故障预诊		比亚迪 E5 高压断电及上电流程操作	
新能源汽车动力 CAN 故障诊断检修-诊断排故		高压绝缘监测原理	
新能源汽车启动系统故障诊断检修-故障预诊			

目 录
CONTENTS

项目一
新能源汽车低压供电异常故障诊断检修

01

任务一　新能源汽车低压供电系统故障诊断检修

【工作任务】

故障案例：王先生的 2019 款比亚迪 e5 已经行驶了 2 万 km，某日下电后再次起动车辆，发现仪表只有中央信息屏有指示，没有 OK 灯，挂档后不能行驶。王先生拨打 4S 店救援电话，请给予解决。

本任务"新能源汽车低压供电系统故障诊断检修"以比亚迪 e5 电动汽车为例，属于高频工作任务。

【建议学时】

6 课时

【学习内容】

一、低压供电系统
二、低压上电流程
新能源汽车低压供电系统故障诊断检修
三、故障诊断检修实施
验证症状
故障预诊
故障分析
诊断排故
故障机理

【学习目标】

知识目标：

1. 能绘制低压供电系统的结构布局。
2. 能解释电路图中的符号。
3. 能描述继电器控制过程【难点】。
4. 能梳理出熔丝、继电器、导线等低压供电系统元件检修方法【重点】。

能力目标：

1. 能正确识读低压供电系统相关电路。
2. 能根据低压上电流程，借助故障诊断仪和维修手册等，分析低压供电系统故障产生的可能原因【难点】。
3. 能根据故障原因，制订低压供电系统故障检修方案。
4. 能根据检修方案，依据厂家技术标准，正确使用专用工具诊断与排除低压供电系统故障，提高故障诊断逻辑思维能力【重点】。

素养目标：

1. 通过读取故障码和数据流、查阅维修手册等资料，具备信息检索和数据分析的能力。

2. 通过分组讨论分析故障原因和制订检修低压供电系统故障方案，具备团队合作能力、分析问题和解决问题的能力，提高逻辑思维能力。

3. 通过对低压供电系统故障检测，具备牢固的安全和责任意识，严格遵照企业安全操作的注意事项进行操作。

 【知识准备】

一、低压供电系统

传统燃油汽车的电源是蓄电池和发电机，发动机未起动或起动时由蓄电池供电，起动以后则由发电机供电，同时为蓄电池充电。

> 思考：电动汽车有几个电源？分别给哪些系统供电？

新能源汽车低压供电系统是将动力蓄电池的电能通过 DC/DC 变换器转变为 12V 低压电源，为车载 12V 蓄电池和车身电气部件提供工作电源；常规车身电气部件包括灯光、中控门锁、信息娱乐系统、电动门窗等。

纯电动汽车的电源分为主电源和辅助电源。主电源是为驱动汽车行驶的高压电源，辅助电源（低压的铅酸蓄电池）是为车载各种仪表和控制系统提供的直流低压电源。纯电动汽车电源模块是整个系统稳定运行的保障。电源的可靠性对于整个系统的性能起着至关重要的作用。纯电动汽车在设计和选择电源时要考虑配电方案、布局和搭铁回路等，以实现对负载良好的供电，达到高电压调整精度、低噪声。同时，避免系统中电路之间的干扰、振荡以及过热等问题的出现。

1. 辅助蓄电池

无论是传统汽车、混合动力汽车，还是纯电动汽车，都离不开蓄电池。蓄电池是将化学能直接转化成电能的一种装置，并且可以通过可逆的化学反应实现再充电。蓄电池已有 100 多年的历史了，广泛用作内燃机汽车的起动动力电源。蓄电池也是电动汽车的动力电源，它可靠性好、原材料易得、价格便宜；比功率（或功率密度）也基本能满足电动汽车的动力性要求。但蓄电池有两大缺点；一个是比能量（或能量密度）低，所占的质量和体积太大，且一次充电行驶里程较短；另一个是使用寿命短，使用成本高。

2. DC/DC 变换器的功能

DC/DC 变换器是新能源汽车一个非常重要的部件。DC/DC 变换器将一个不受控制的输入直流电压变换成为另一个受控制的输出直流电压。目前，DC/DC 变换器在计算机、航空、航天、水下行器、汽车、通信及电视等领域得到了广泛的应用，同时，这些应用也促进了 DC/DC 变换技术的进一步发展。

DC/DC 变换器在汽车上的应用可以理解为，在传统的燃油汽车中，发动机装了个发电机来给车上的设备供电，新能源汽车 DC/DC 变换器取代了传统燃油汽车中的发电机，将动力蓄电池的高压直流电转化为整车低压 12V 直流电，给整车用电系统供电及铅酸蓄电池充电。

3. 比亚迪 e5 低压供电系统

比亚迪 e5 低压供电系统为车身电气设备和车辆控制系统提供 12V 低压电。车辆控制系统包括充电系统、BMS（动力蓄电池管理系统）、VCU（整车控制器）、BCM（车身控制模块）等电控单元（ECU）。通过图 1-1 可以知道车辆启动开关和防盗验证信号输入给 BCM ECU，BCM ECU 通过 IG1、IG3、IG4 这三个继电器为全车供电。

 课堂笔记

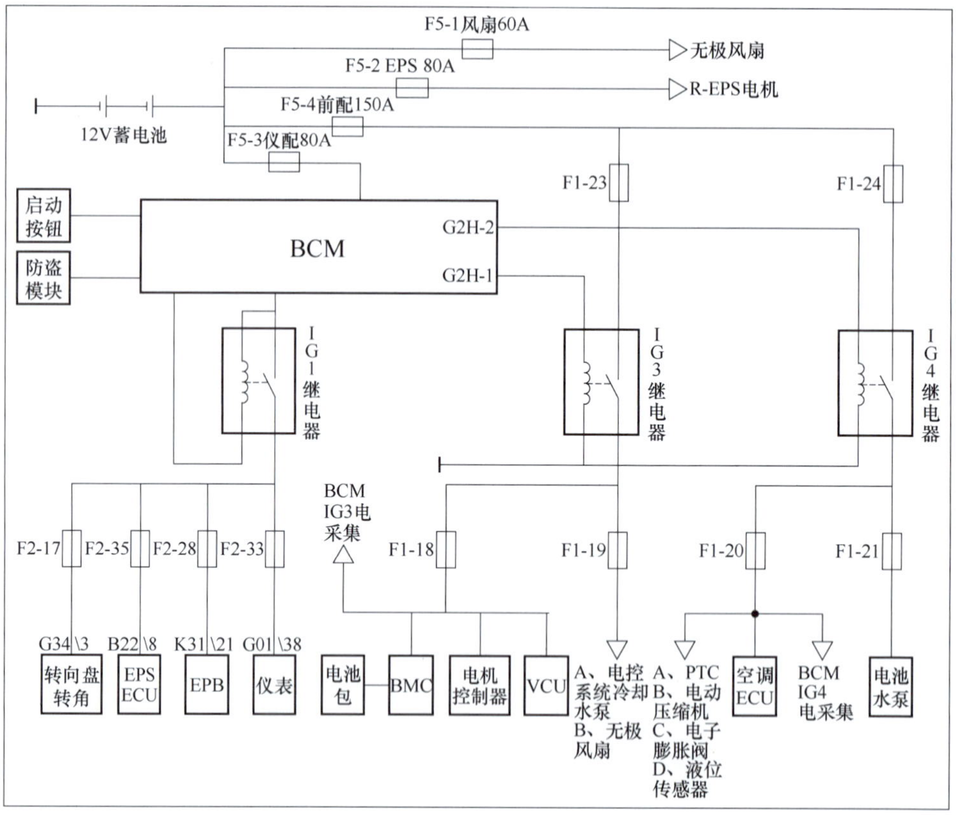

图 1-1　比亚迪 e5 启动控制电路图

二、低压上电流程

1. 低压上电控制

新能源汽车的低压系统是所有电子控制系统的基础。驾驶人踩下制动踏板并按下启动按钮后，进行防盗系统认证，认证通过后 BCM 控制 IG1、IG3、IG4 结合完成低压上电。

2. 电路识读方法

每个车企的电路图表示方法细节都有所不同。下面以比亚迪电路图识读为例，说明电路图识读方法。如图 1-2 所示，先识读电路图的说明，了解部件、插接器、配电接口等元件的命名规则。

电路图中的线色说明如下：

代码	B	L	Br	G	Gr	Lg	O	P	R	V	W	Y
颜色	黑	蓝	棕	绿	灰	浅绿	橙黄	粉红	红	紫	白	黄

● 电路图编码举例
1.电路图中线束插接件编码举例：
1.1 电路图中编码G2X，G表示仪表板线束，2表示仪表板主配电盒，X表示仪表板主配电盒X口的插接件。
1.2 电路图中编码KJG02，K表示地板线束，J表示线束间对接插接件，G表示仪表板线束，02表示有地板接仪表板线束排序代码为02。
1.3 电路图中编码B68，B表示前舱线束，第二位为空表示一般类插接件，68表示前舱线束排序代码为68。
2.电路图中熔丝编码举例：
2.1 电路图中编码为F1/15的熔丝，F表示熔丝，1表示前舱主配电盒，/表示分隔代码，15表示排序代码为15号熔丝。
2.2 电路图中编码为FG/8的熔丝，F表示熔丝，G表示仪表板线束里外挂独立熔丝，/表示分隔代码，8表示排序代码为8号熔丝。
3.电路图中继电器编码举例：
3.1 电路图中编码为K1/5的继电器，K表示外置继电器，1表示前舱主配电盒，/表示分隔代码，5表示排序代码为5号继电器。

图 1-2　电路图说明

本故障案例故障现象主要体现在仪表指示灯缺失。打开电路图，找到仪表相关电路，如图 1-3 所示。电流方向为由上往下，电路图上部是电源正极，中间为核心

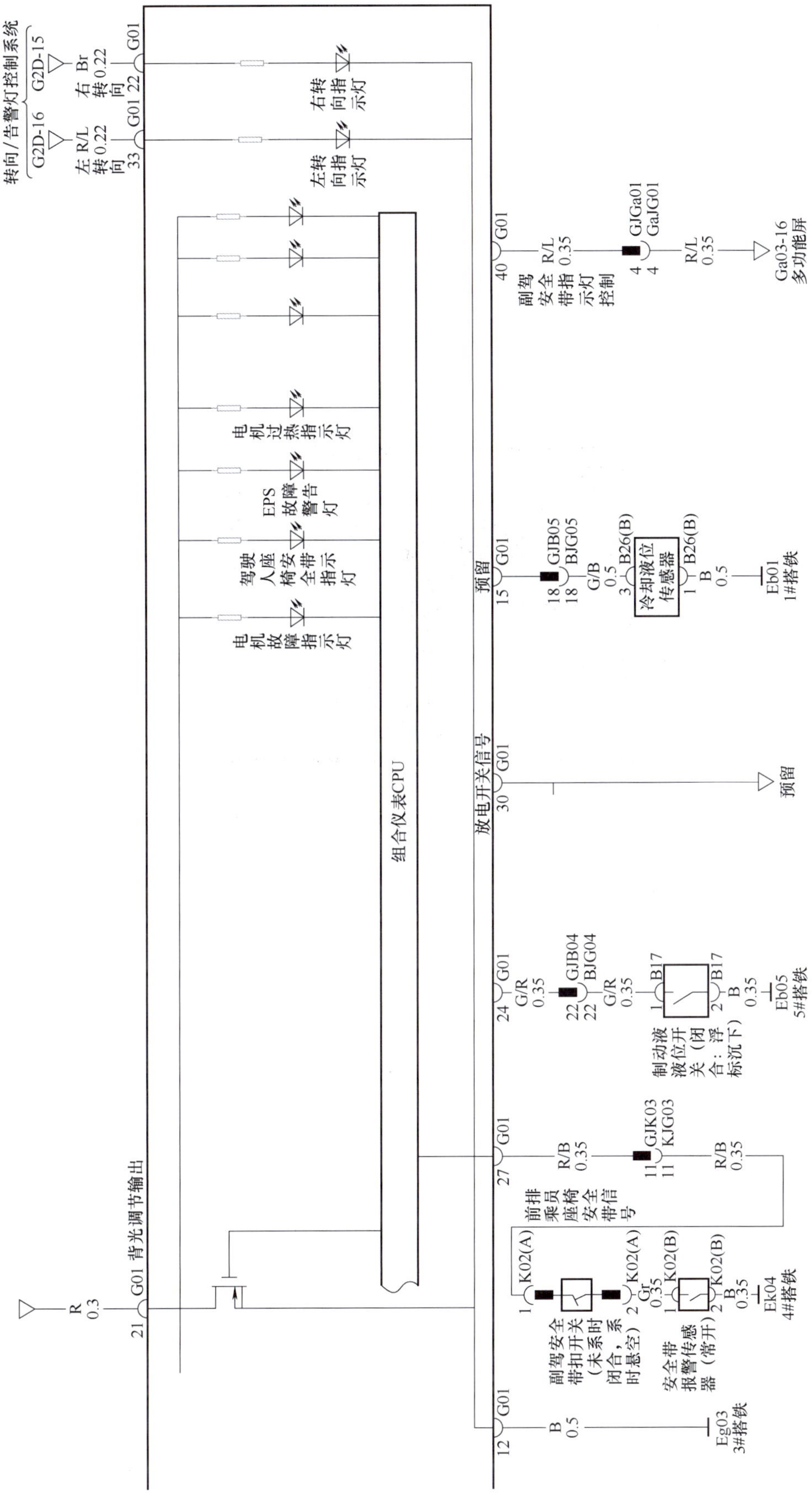

图 1-3 比亚迪 e5 仪表电路图

部件仪表指示灯电路，经过一系列电路到车辆搭铁点，如电路图中下部所示。左上角的 F2/33 熔丝，它的电流来自于 IG1 继电器，经过 G2D 的 30 号端子给仪表 G01 的 38 号端子供电。从图 1-3 中可以发现，电机故障指示灯、安全带指示灯、EPS（电动助力转向系统）故障警告灯及部分仪表电路都由这个熔丝提供电路保护。

三、故障诊断检修实施

1. 验证症状

解锁车辆，踩下制动踏板、按下启动按钮尝试高压上电，仪表中央信息屏显示车门开关信息，没有 SOC 和档位等指示灯；打转向灯仪表没有指示灯闪烁，打开危险警告灯有指示灯闪烁故障现象。

2. 故障预诊

1）听取客户的诉求，问诊车辆情况，调取车辆维修记录，了解车辆历史情况。

2）静态检查。测量蓄电池电压标准值为 11~13V，如图 1-4 所示。

图 1-4 蓄电池电压检查

3）动态检查。上电操作，观察仪表显示，有车门指示灯、转向和灯光指示灯等少量指示灯工作。

4）使用诊断仪读取车辆相关模块故障码，显示为没有故障码。

3. 故障分析

（1）故障产生的可能原因 根据前面学习过的低压上电工作原理可知，造成低压系统上电异常失效的原因有以下几方面：

1）智能钥匙认证问题。智能钥匙不能完成认证，车辆不能识别驾驶人控制车辆上电，因此按下启动按钮不能上电。

2）上电开始信号问题。驾驶人要踩下制动踏板及按下启动按钮车辆才能上电，因此，这两个信号缺失会导致不能低压上电。

3）BCM 模块和 IG 继电器故障。BCM 模块是比亚迪新能源汽车低压系统控制核心模块。它是防盗认证核心模块，同时控制几个核心低压继电器工作，因此，BCM 故障会导致低压上电异常。

（2）故障产生的范围 结合比亚迪 e5 电路图分析故障车辆，发现仪表只有少量几个指示灯，这个低压供电故障的具体范围如图 1-5 所示。

4. 诊断排故

（1）诊断分析 低压供电系统是电动汽车工作的基础电路系统，它的故障主要集中在钥匙认证系统、BCM 系统以及电源的继电器控制电路。钥匙认证系统故障会在下一个任务中学习。首先要排除继电器及其电路故障，这是相对多发故障点。

（2）诊断流程 低压供电异常故障首先要排除智能钥匙本身故障，然后检查智能钥匙模块故障和启动网络故障，诊断过程中要充分利用诊断仪和示波器等专业仪器，如图 1-6 所示。

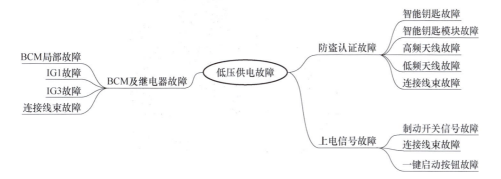

图 1-5　低压供电故障范围

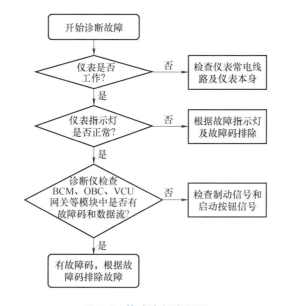

图 1-6　故障诊断流程图

（3）故障诊断

1）不上电检查仪表显示是否正常。打开车门，低压不上电查看仪表是否有指示灯。如果没有，说明仪表常电线路故障或者仪表本身故障。

2）低压上电检查仪表异常指示灯。按下启动按钮，踩下制动踏板查看车辆低压上电情况，仪表可能会有异常的指示灯，可以根据指示灯异常现象排除故障。

3）如果仪表全黑或者部分点亮，检查仪表故障指示灯的公共部分，例如供电系统是否有故障。F2/33 熔丝为这些故障灯提供电路保护，检测这个熔丝及其上部供电情况，检测方法如图 1-7 所示。建议采用电压法检查，分别测量熔丝两端电压值，如果熔丝出电端不是蓄电池电压，那么这个端子前面电路故障或者熔丝损坏。

4）读取故障码和数据流。低压供电核心模块是 BCM、网关、OBC（车载充电机）、VCU，进入这些模块按照故障码提示检查故障；查看数据流和标准数据流比对，找到异常数据流，根据异常数据流检查故障。

5）检查启动按钮和制动开关。使用万用表电压档检查启动按钮和制动开关本身故障，使用电阻档检查相关电路。

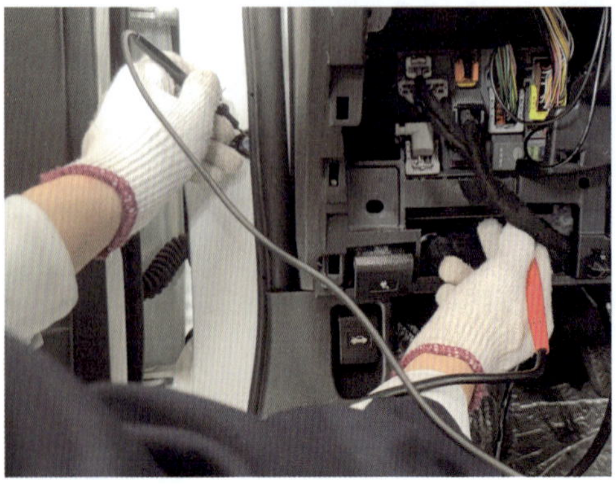

图1-7 F2/33熔丝检查

（4）故障排除和竣工检查

1）故障排除。对熔丝下端电路检查是否有异常搭铁短路故障，如果有短路故障，则进一步检修。如果没有短路故障，则更换同规格熔丝，再次确认故障是否已经排除。

2）竣工检查。找到故障点后根据情况，修理线束或者更换新的元件后需要验证每个功能区。手持智能钥匙进入车辆后，踩下制动踏板并按下启动按钮，观察车辆仪表是否正常点亮。验证故障排除后，做好场地5S。

5. 故障机理

根据故障现象可以判断是仪表显示系统出现故障。仪表是汽车重要的车辆状态指示元件。仪表中的不同指示灯信号来自不同的装置，例如车门关闭情况、防盗钥匙认证信息、车辆档位、车速及高压系统状态等。系统信号统一输入仪表，由仪表模块识读后控制相应指示灯工作。当车辆低压上电有多个指示信号同时失灵时，考虑仪表显示问题和重点公共电路，例如仪表供电和搭铁电路；也可采用诊断仪控制仪表指示灯点亮，判断是否是仪表内部故障。

任务二 新能源汽车启动系统故障诊断检修

【工作任务】

故障案例：王先生的 2019 款比亚迪 e5 已经行驶了 2 万 km，最近发现智能钥匙系统功能失效，在车外无法解锁车辆，只能使用机械钥匙打开车门。王先生拨打 4S 店救援电话，请给予解决。

本任务"新能源汽车启动系统故障诊断检修"以比亚迪 e5 电动汽车为例，属于疑难工作任务。

【建议学时】

6 课时

【学习内容】

【学习目标】

知识目标：
1. 能指认智能钥匙系统的部件。
2. 能解释高压上电核心要点。
3. 能写出无钥匙进入系统的工作过程【难点】。
4. 能梳理出使用诊断仪和示波器检修智能钥匙系统元件检修方法【重点】。

能力目标：
1. 能正确识读智能钥匙系统相关电路。
2. 能使用诊断仪进行故障信息的读取，确认智能钥匙系统故障现象。
3. 能根据智能钥匙系统控制原理及策略，借助诊断仪和维修手册等，分析智能钥匙系统失效故障产生的可能原因【难点】。
4. 能根据故障原因，制订智能钥匙系统故障检修方案。
5. 能根据检修方案，依据厂家技术标准，正确使用专用工具诊断与排除智能钥匙系统故障，提高故障诊断逻辑思维能力【重点】。

素养目标：

1. 通过读取故障码和数据流、查阅维修手册等资料，具备信息检索和数据分析的能力。

2. 通过分组讨论分析故障原因和制订检修智能钥匙系统故障方案，具备团队合作能力、分析问题和解决问题的能力，提高逻辑思维能力。

3. 通过对智能钥匙系统故障检测，具备牢固的安全和责任意识，严格遵照企业安全操作的注意事项进行操作。

4. 通过为客户诊断与排除智能钥匙系统故障，具备精益求精和严谨求实的工作态度。

【知识准备】

一、智能钥匙系统

1. 智能钥匙系统的作用

汽车智能钥匙系统包括无钥匙进入与启动系统，简称 PEPS（Passive Entry Passive Start）系统。

汽车智能钥匙系统也称为电子智能钥匙系统，驾驶人不需要对汽车钥匙做任何操作，如按钮动作等，便可执行开门、转向柱锁解锁等动作，只需要驾驶人随身携带电子智能钥匙即可。整个系统通过一个智能钥匙系统控制器控制，当智能钥匙系统控制器探测到钥匙在某个探测区域范围内，即对钥匙进行探测与验证，并发送运行的信号给相关执行动作的 ECU，完成整个系统工作。

2. 智能钥匙系统的组成

图 1-8 所示为比亚迪 e5 轿车的智能钥匙系统。该系统是由 6 个探测天线总成（车内 3 个，车外 3 个）和 1 个高频接收模块组成的，探测有效范围为车内全部范围及车外一定的范围。

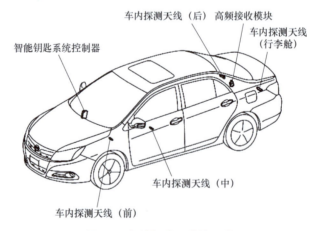

图 1-8　智能钥匙系统的组成

3. 智能钥匙系统的工作原理

汽车智能钥匙系统主要由智能控制器、智能钥匙、门把手微动开关、低频天线、高频天线、行李舱请求开关、一键启动开关和电子转向柱锁等组成。

汽车智能钥匙系统的主控模块位于仪表台下方或者车辆后部，负责低频天线的驱动，智能钥匙高频信号的接收和识别、接收及侦测，对电子转向柱锁和紧急启动的控制以及电源分配控制的实现。因此，汽车智能钥匙系统对高频信号接收灵敏度要求较高。

> **思考：** 车辆是在什么时候开始钥匙认证的呢？

（1）无钥匙进入功能 当系统电源处于 OFF 状态且所有车门处于关闭、闭锁状态，用户携带智能钥匙在驾驶人侧或副驾驶人侧车外有效区域内按下门把手微动开关，智能钥匙 ECU 将通过与所按下的请求开关相对应的外部天线发出 125kHz 低频，钥匙发出 433MHz 高频信号响应，智能钥匙 ECU 收到响应，如果智能钥匙 ECU 检测到智能钥匙且认证通过，则通过 CAN 向 BCM 发送解锁车门信号，最终实现关闭车辆的车门锁。如果无法找到合法钥匙，则忽略该操作。

用户携带智能钥匙在驾驶人侧或副驾驶人侧车外有效区域内按下行李舱请求开关，智能钥匙 ECU 通过与所按下的请求开关相对应的外部天线发送请求低频信号，检查钥匙是否具有合法性，如果合法，则钥匙发出射频响应，等到 PEPS ECU 收到响应和正确的认证结果，智能钥匙 ECU 通过 CAN 向 BCM 发送行李舱开启信号，最终打开行李舱。如果无法找到合法钥匙，则忽略该操作，如图 1-9 所示。

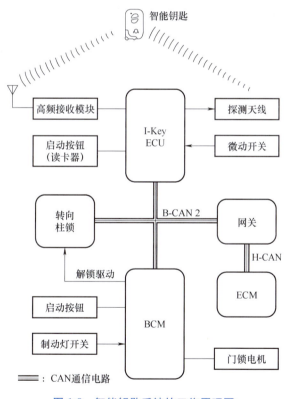

图 1-9 智能钥匙系统的工作原理图

为了防止门把手开关被频繁地恶意操作，智能钥匙 ECU 设定最大请求开关触发次数及间隔时间，超出范围则使无钥匙进入功能暂时失效。

（2）无钥匙启动功能 当用户携带合法智能钥匙进入车辆后，先踩下制动踏板，然后按下启动开关，智能钥匙 ECU 将通过车内低频天线发出低频信号来检查钥匙是否具有合法性。如果合法，则钥匙发出射频信号响应，等到智能钥匙 ECU 收到响应和正确的认证结果，如果智能钥匙 ECU 检测到智能钥匙且认证通过，就发起电子转向柱锁解锁认证，判断电子转向柱锁解锁成功，则智能钥匙 ECU 控制系统电源从 OFF 到 ON 的切换。同时，通过 CAN 向智能钥匙 ECU 进行发动机防盗认证。若认证成功，进入车辆上电程序。

（3）紧急启动功能　当智能钥匙电池耗尽后，无法通过正常方式来启动发动机，但是智能钥匙 ECU 系统可以通过紧急启动的方式保证在智能钥匙没有电的情况下启动发动机。紧急启动时，当用户携带合法智能钥匙进入车辆后，踩下制动踏板，然后按下启动开关，智能钥匙 ECU 驱动车内低频天线无法找到合法钥匙，仪表显示车内无合法钥匙的报警信息，用户只需要将智能钥匙按规定靠近启动开关并按下一键启动开关 2s，智能钥匙 ECU 控制启动开关内的 IMMO 线圈来检测合法钥匙。紧急启动的流程同无钥匙启动流程是一致的，唯一不同的是，智能钥匙 ECU 检测合法钥匙的方式不同。

4. 一键启动开关

一键启动开关是一个双触点的按压式自动回位开关，发动机的启动开关、BCM 车身集成控制器和一键启动控制器的电路连接原理图如图 1-10 所示，当启动开关检测到两个触点中任何一个触点有效时，则判定启动开关已经被按下。

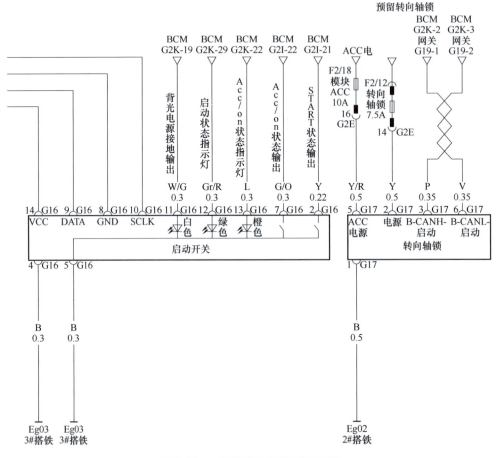

图 1-10　一键启动开关控制原理图

二、高压上电过程

以吉利 EV450 汽车为例介绍上电流程。VCU 根据智能钥匙的电源模式信号，判断驾驶人的车辆启动意图，控制控制器的唤醒与休眠，以及控制车辆的上下电流程。启动功能指车辆从其他电源档位（OFF 档、ACC 档、ON 档）至 READY 档，点亮仪表指示灯的过程，也可称为上高压电。

驾驶人踩下制动踏板、车辆档位处于 P/N 位、钥匙验证通过后 BCM ECU 控制低压继电器吸合全车的模块 ECU 供电开始自检，VCU 和 BMS 接收到这些信号后控制蓄电池包内部的主负继电器、预充继电器、主正继电器依次吸合后断开预充继电器开始高压供电，仪表上电指示灯点亮，完成高压上电，如图 1-11 和图 1-12 所示。

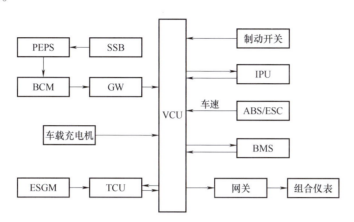

图 1-11 吉利 EV450 汽车上下电功能框图

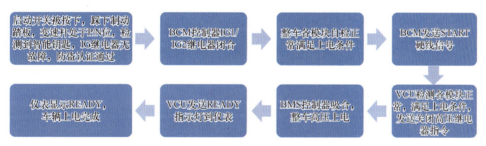

图 1-12 吉利 EV450 汽车上电流程

三、故障诊断检修实施

1. 验证症状

车外按下遥控钥匙解锁按键，车辆没有解锁动作，遥控钥匙指示灯闪烁。再次按下驾驶人侧微动开关，遥控钥匙没有指示灯闪烁，车辆没有解锁动作。

2. 故障预诊

1) 听取客户的诉求，问诊车辆情况，调取车辆维修记录了解车辆历史情况。

2) 验证故障现象。重点要区分无钥匙进入和无钥匙启动是否同时出现故障，智能钥匙在按下微动开关或者踩下制动踏板时是否有指示灯亮起。

3. 故障分析

（1）故障产生的可能原因 根据无钥匙进入系统工作原理结合无钥匙进入系统电路图分析故障现象：车外按下遥控钥匙解锁按键，车辆没有解锁动作，遥控钥匙指示灯闪烁说明遥控钥匙大概率没有问题，排除其他可能原因后再判断是否是遥控钥匙内部故障或者匹配问题；再次按下驾驶人侧门把手微动开关，遥控钥匙没有指示灯闪烁，车辆没有解锁动作。说明车辆认证系统从微动开关到智能钥匙模块、低频天线出现故障，遥控钥匙没有接收到低频认证信号，不能完成认证，车辆无法解锁。

由图 1-13 可知，造成无钥匙进入系统失效的原因有以下几方面：

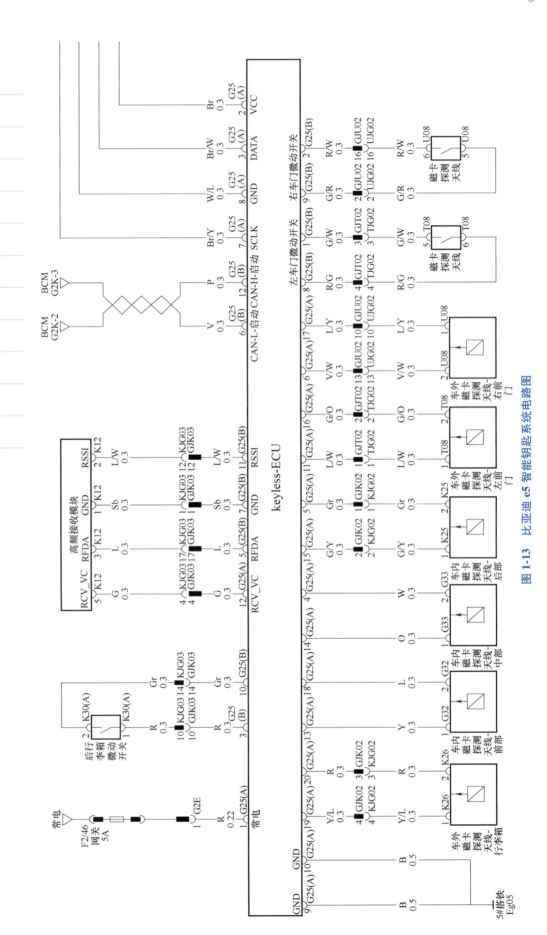

图 1-13　比亚迪 e5 智能钥匙系统电路图

　　1）智能钥匙故障。智能时需要电池供电，当电池电压过低是不能完成身份认证的；同时，由于智能钥匙受到外力、进水等原因造成智能时电路故障，也会无法认证。

　　2）智能钥匙模块故障。智能钥匙需要接收车门把手微动开关信号，驱动低频天线发出认证信号，接收钥匙反馈的信息，再经过比对后完成钥匙认证。在这个过程中，任何一个环节出现故障都会造成认证失败。

　　3）智能模块认证通过后，还要通过启动网络，将信号传递给 BCM 和转向柱锁控制单元完成车辆解锁。当启动网络出现故障时也会造成车门不能解锁。

　　（2）故障产生的范围　结合故障现象：智能钥匙解锁功能失效、但智能钥匙有响应，可以用机械钥匙打开车门；进入车辆后启动车辆显示没有检测到智能钥匙。查找比亚迪 e5 电路图分析故障车辆，启动系统故障的具体范围如图 1-14 所示。

图 1-14　启动系统故障的具体范围

4. 诊断排故

　　（1）诊断分析　无钥匙进入系统故障验证流程复杂，需要在多个模块之间传递信息。进行验证故障现象时要规范、仔细。根据智能钥匙系统工作原理逐步验证故障现象，确定故障的范围，减少检修工作量。

　　（2）诊断流程　无钥匙进入系统失效时，首先要排除智能钥匙本身故障，而后检查智能钥匙模块故障和启动网络故障，诊断过程中要充分利用诊断仪和示波器等专业仪器，如图 1-15 所示。

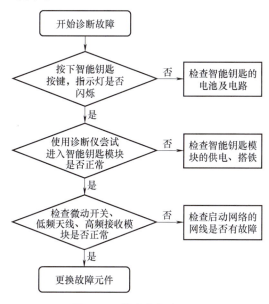

图 1-15　故障诊断流程图

（3）故障诊断

1）检查智能钥匙是否正常。按下智能钥匙上每个按钮，查看指示灯是否点亮。拆解智能钥匙，检查电池的电压，如果不正常，则更换电池；目视检查电路板是否有机械损伤或者进水等故障现象，也可以使用智能钥匙检查仪检查钥匙信号强度，不合格则更换钥匙。另外，也可以采用功能完好的钥匙替换检查。

2）使用机械钥匙打开车门，进入驾驶室。连接诊断仪，尝试进入智能钥匙模块，如果有故障码，按照故障码提示检查故障；查看数据流，和标准数据流比对，找到异常数据流，根据异常数据流检查故障。

3）检查微动开关，如图1-16所示。使用万用表电压档测量G25（B）/1端子电压是否为高电位。按下微动开关后为低电位。如果电压异常，拆卸左前门内饰板，找到微动开关及插头，如图1-17所示，使用万用表检查微动开关及其电路。

图1-16　G25（B）/1端子
电压——高电位

图1-17　微动开关电路图

4）检查低频天线。所有低频天线损坏的可能性比较小，可以采用替换法判断低频天线；或者使用示波器测量波形，判断元件是否正常。

5）如果不能进入智能钥匙模块。尝试进入网关，如果也不能进入，首先要检查F2/46熔丝是否正常，以及G25（A）/1端子电压是否正常。如果不正常，维修相关电路；确认模块供电正常后，检查G25（A）/9和G25（A）/10端子搭铁情况。

6）如果以上都正常，需要检查启动网络是否正常。使用示波器检查网络信号的波形，根据波形判断是哪类网络故障，具体操作参考后面章节。

> 提示：
>
> 　　通过故障检修过程可以发现，汽车维修工作要求细致，实施检测过程在懂得工作原理的同时，要有理论到实践的过程，只有这样才能成为优秀的维修技师。

（4）故障排除和竣工检查

1）故障排除。对损坏的线束进行维修，重新低压上电，再次确认故障是否已经排除。

2）竣工检查。找到故障点后根据情况，修理线束或者更换新的元件后需要验证每个功能区。手持智能钥匙离车 1m 以内，分别按下驾驶人侧车门微动开关、副驾驶人侧车门微动开关、行李舱门微动开关是否能够解锁车辆。验证故障排除后，做好场地 5S 管理。

5. 故障机理

根据故障现象可以判断是无钥匙进入系统出现故障。驾驶人携带认证的智能钥匙到达车辆 1m 范围内，不能自动解锁车门。故障可能是智能钥匙本身故障、智能钥匙模块故障、启动网络故障等因素导致车辆无法识别钥匙。

课堂笔记

项目二
新能源汽车高压上电异常故障诊断检修

任务一 高压绝缘故障诊断检修

【工作任务】

故障案例：如图 2-1 所示，特斯拉 Model S 车辆仪表出现动力蓄电池断开故障指示灯🔋、OK 灯未点亮、高压上电异常、文字提醒"需要检修"等。现需要你作为维修技师，按要求对此故障进行诊断检修。

图 2-1 特斯拉 Model S 车辆仪表显示

本任务"高压绝缘故障诊断检修"是以特斯拉电动汽车为例，该案例任务源于《电动汽车维修故障案例库》，属于高频工作任务，对接 1+X 职业技能等级证书"新能源汽车动力驱动电机电池技术（高级）"模块的能力要求和企业认证培训要求。

【建议学时】

6 课时

【学习内容】

一、高压电气系统的绝缘性能
二、电动汽车高压电路绝缘的措施
三、高压系统结构布局

高压绝缘故障诊断检修

四、高压绝缘监控原理及策略
五、故障诊断检修实施
　验证症状
　故障预诊
　故障分析
　诊断排故
　故障机理

课堂笔记

【学习目标】

知识目标：

1. 能绘制特斯拉电动汽车高压系统的结构布局。
2. 能解释特斯拉电动汽车高压绝缘监控原理及策略【难点】。
3. 能说出特斯拉电动汽车高压绝缘故障诊断检修的流程和分析方法【重点】。
4. 能写出特斯拉电动汽车高压绝缘故障机理。

能力目标：

1. 能使用诊断仪和特斯拉电动汽车诊断系统进行故障信息的读取，确认高压绝缘故障现象。
2. 能根据特斯拉电动汽车高压绝缘监控原理，借助特斯拉诊断系统和维修手册等，分析高压绝缘故障产生的可能原因【难点】。
3. 能根据故障原因，制订高压绝缘故障检修方案。
4. 能根据检修方案，依据厂家技术标准，正确使用专用工具诊断与排除高压绝缘故障，提高故障诊断逻辑思维能力【重点】。

素养目标：

1. 通过读取故障码和数据流、查阅维修手册等资料，具备信息检索和数据分析的能力。
2. 通过分组讨论分析故障原因和制订检修高压绝缘故障方案，具备团队合作能力、分析问题和解决问题的能力，提高逻辑思维能力。
3. 通过对绝缘故障检测，具备牢固的安全和责任意识，做到持证上岗，严格遵照企业高压安全操作的注意事项进行操作。
4. 通过为客户诊断与排除高压绝缘故障，具备精益求精和严谨求实的工作态度，在检修工作中坚守岗位，对客户负责，增强职业荣誉感。

【知识准备】

一、高压电气系统的绝缘性能

> **思考：** 如果电动汽车绝缘电阻过低、绝缘性能不良会产生什么后果？

一个电气系统就像管道系统一样，电压好比是液体压力，电流好比是液体的流速，而电气绝缘就好比是管壁。良好的绝缘对于保证电气设备与电路的安全运行以及防止人身触电事故的发生是最基本的和最可靠的手段。

> **安全小知识：**
>
> 当电动汽车绝缘电阻过低、绝缘性能不良时，电源的正负极引线将通过绝缘层和车身、底盘构成漏电流回路，使车身、底盘电位上升，会造成以下危害：
>
> 1）危及设备使用者的人身安全，发生触电的危险，如图2-2所示。
> 2）影响低压电气和车辆控制器的正常工作。
> 3）发生多点绝缘性能严重下降时，还会导致漏电回路的热积累效应，可能会造成车辆的电气火灾。

图 2-2　发生触电的危险

判断绝缘性能非常重要的一个参数就是绝缘电阻。绝缘电阻是指用绝缘材料隔开的两部分导体之间的电阻，是对电气设备安全性的一个衡量指标，用来考察电气设备绝缘性能的，以"MΩ"级阻值标称，它是在规定的温度、湿度和压力条件下，对绝缘部分施加规定的电压，从而测量出来的电阻值。这个电阻值的高低，直接关系着设备本身的安全性或者设备使用者的安全性。

二、电动汽车高压电路绝缘的措施

纯电动汽车是以动力蓄电池的电能来驱动车辆运行的，其动力蓄电池的输出电压大部分在 DC 72~600V，甚至更高。根据 GB/T 3805—2008《特低电压（ELV）限值》的要求，人体的安全电压一般是指允许持续接触的"安全特低电压" DC 36V。电动汽车动力蓄电池输出的直流电压区间已远远超过了该安全电压。所以，为了确保电动汽车高压电用电安全，要解决电动汽车所面临的高压电绝缘安全问题，我国行业标准已对电动汽车的高压电回路设计和检测提出了明确的要求，并给出了详细的实验检测规程，其中，包括绝缘电阻值的最低要求。

1. 电位均衡要求

GB 18384—2020 规定电动汽车安全要求用于防护与 B 级电压电路直接接触的外露可导电部分，例如：可导电外壳和遮栏，应传导连接到电平台。外露可导电部分与电平台间的连接阻抗应不大于 0.1Ω；电位均衡通路中，任意两个可以被人同时触碰到的外露可导电部分，即距离不大于 2.5m 的两个可导电部分间电阻应不大于 0.2Ω。若采用焊接的连接方式，则视作满足上述要求。

电压等级 B 级：直流 60V<U<1500V　交流 30V<U<1000V

2. 绝缘电阻监测要求

GB 18384—2020 规定车辆应有绝缘电阻监测功能，并能通过绝缘监测功能验证试验。在车辆 B 级电压电路接通且未与外部电源传导连接时，该装置能够持续或者间歇地检测车辆的绝缘电阻值，当该绝缘电阻值小于制造商规定的阈值时，应通过一个明显的信号（例如：声或光信号）装置提醒驾驶人，并且制造商规定的阈值在最大工作电压下，直流电路绝缘电阻应不小于 100Ω/V，交流电路应不小于 500Ω/V。如果直流和交流的 B 级电压电路可导电的连接在一起，则应满足绝缘电阻不小于 500Ω/V 的要求。对于燃料电池电动汽车，交流电路增加有附加防护，则组合电路至少满足 100Ω/V 的要求。

三、高压系统结构布局

特斯拉 Model S 电动汽车高压部件包括高压动力蓄电池、驱动单元、充电机、高压接线盒、充电口、DC/DC 变换器、PTC 冷却液加热器、A/C 压缩机、PTC 座舱加热器。对于单电机电动汽车的结构布局，如图 2-3 所示。

高压电回路给动力部分和空调供电，它和车辆其他部分完全绝缘，没有高压正

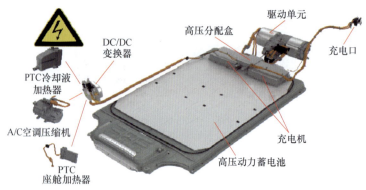

图 2-3　单电机特斯拉 Model S 结构布局

极和负极到车身搭铁。高电压回路含有以下主要高压部件：

1）高压动力蓄电池。

2）驱动单元，由逆变器、电机和减速器组成。

3）充电机，用于交流电转直流电，为动力蓄电池充电。

4）DC/DC 变换器，直流转直流，将 400V 高压电转换为 14V 低压电。

5）高压分配盒，进行高压动力分配，内部含有保护作用的 FC 组合电器（接触器和熔断器）。

对于双电机的特斯拉 Model S 电动汽车，高压动力蓄电池提供 400V 以上的高压电，通过前、后高压分配盒（HVJB）进行动力分配，后高压分配盒将动力分配到后驱动单元，前高压分配盒将动力分配到前驱动单元、DC/DC 变换器、PTC 座舱加热器、A/C 空调压缩机、（电池）PTC 冷却液加热器，如图 2-4 所示。

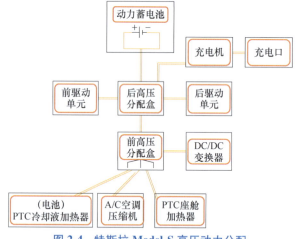

图 2-4　特斯拉 Model S 高压动力分配

对于双电机的特斯拉 Model S 电动汽车结构布局如图 2-5 所示。

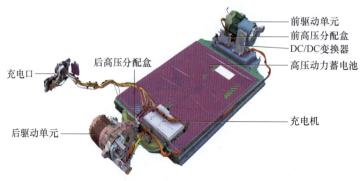

图 2-5　双电机的特斯拉 Model S 结构布局

四、高压绝缘监控原理及策略

1. 绝缘监控的基本原理

图 2-6 所示为电动汽车常用的绝缘监控基本电路图。

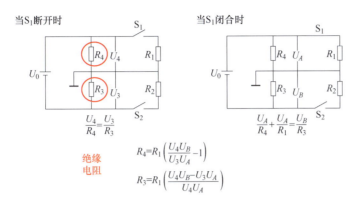

图 2-6　电动汽车常用的绝缘监控基本电路图

通过以上电路推算出 R_3 和 R_4 的值，R_3 和 R_4 就是 BMS 实时监测的绝缘电阻值。图 2-7 所示为特斯拉电动汽车绝缘监控电路图。

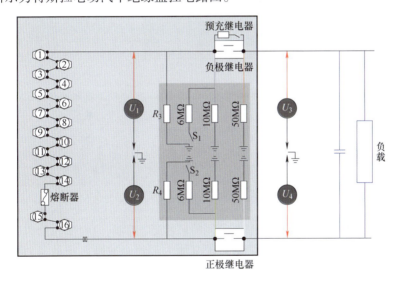

课堂笔记

图 2-7　特斯拉电动汽车绝缘监控电路图

在 BMS 内部同样存在绝缘电阻 R_3 和 R_4，另外并联有 6MΩ、10MΩ 和 50MΩ 电阻。思考一下，U_1、U_2、U_3、U_4 分别监测的是哪里电压？

U_1、U_2 分别监测动力蓄电池负极、正极到车身的电压，U_3、U_4 分别监测负载负极、正极到车身的电压。

> **思考：** 当正极、负极继电器断开时，如何监测绝缘状况？

BMS 监测 R_3 和 R_4 的电阻，U_1 和 U_2 分别监测动力蓄电池正极和负极到车身的电压。当 S_1 闭合、S_2 断开时，R_3 与 6MΩ 和 10MΩ 电阻并联。R_4 与 10Ω 电阻并联，此时 BMS 可通过电路状态计算出 R_3 阻值。同理，当 S_2 闭合、S_1 断开时，BMS 可通过电路状态计算出 R_4 的阻值。BMS 会根据绝缘电阻的阈值来判断此时动力蓄电池高压绝缘状况。

> **提示：** 当继电器断开时，BMS 利用电路监控直流母线和车身之间电压的变化，实时监测动力蓄电池内部绝缘电阻的阻值，判断绝缘状态。

当正极、负极继电器闭合时，如图 2-8 所示，BMS 这部分内部电阻与 50MΩ 电阻处于并联状态。U_3 监测负载负极到车身的电压；U_4 监测负载正极到车身的电压。BMS 可根据当前电路状态计算出 R_3 和 R_4 的阻值，即动力蓄电池外部的绝缘电阻，根据绝缘电阻的阈值来判断此时外部负载的绝缘状况。

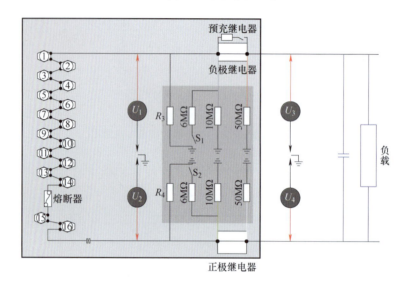

图 2-8　特斯拉电动汽车绝缘监控电路（正极、负极继电器闭合时）

> **提示：** 当继电器闭合时，6MΩ、10MΩ 和 50MΩ 构成动力蓄电池外部高压系统绝缘监测电路。BMS 通过监测直流电压，实时监测动力蓄电池外部 R_3 和 R_4 绝缘电阻值，判断动力蓄电池外部高压系统的绝缘状态。

通过此绝缘监控控制原理，BMS 可同时监控动力蓄电池内部和动力蓄电池外部绝缘监控的状态，可直接辨别出是动力蓄电池内部绝缘故障，还是动力蓄电池外部高压系统绝缘故障。当内、外电路超出阈值时，BMS 会按照绝缘电阻的大小采取三个等级的故障等级策略进行失效保护。

2. 绝缘监控的策略

特斯拉电动汽车存在 400V 以上的高压电。为了保证安全，高压电应和车辆其他部分完全绝缘，这意味着车辆和任何高压部件、线束之间应没有带电流的路径。但如果电动汽车发生绝缘故障时，可能造成高压电泄漏，引起高压触电伤害。所以，为确保始终满足此种绝缘，电动汽车需要实时对整车高压系统进行绝缘监控。

为确保绝缘一直存在，动力蓄电池监控系统会定期测量高压电和车身的电阻。电动汽车的绝缘监控主要由 BMS 完成，BMS 内有绝缘监测系统定期监测全车所有的高压部件和高压线束。BMS 通过实时测量绝缘电阻来评估整车所有的高压部件和高压线束的绝缘状况。

在国家标准中规定：在最大工作电压下，直流电路绝缘电阻的最小值应至少大于 100Ω/V，交流电路绝缘电阻的最小值应至少大于 500Ω/V。

当 BMS 监测到绝缘电阻值低于规定值时，BMS 会根据绝缘阻值大小，生成相应的绝缘故障码。同时，采用不同的故障等级策略，共分为三级，如图 2-9 所示，分别为限功率行驶、逐渐限制电流输出、立即断开高压。其中，立即断开高压属于最高等级故障响应。

图 2-9　故障等级策略

五、故障诊断检修实施

1. 验证症状

1）听取客户的诉求，问诊车辆情况，调取车辆维修记录以了解车辆历史情况。客户反馈：车辆正在行驶中，车辆提示电气系统下降，车辆可能无法启动。

2）踩下制动踏板，打开启动开关，观察仪表显示确认车辆是否正常上电，有无异常指示。根据车辆状态，必要时采取路试测试。

課堂笔记

> **安全小知识：**
>
> 　　当电动汽车绝缘电阻过低、绝缘性能不良时，会有发生触电的危险，需要进行以下操作：
>
> 　　1）在操作区域设置安全隔离装置，并放置操作警示牌，设立绝缘地垫，以便加强操作安全性。
>
> 　　2）在检测现场和操作过程中，须安排安全技术人员全程监督。
>
> 　　3）未进行做好高压安全防护和断电前，切勿触碰高压部件。
>
> 　　4）务必检查高压防护手套、护目镜以及其他仪器仪表是否符合安全等级要求。

2. 故障预诊

1）使用专用诊断仪，登录平台，读取车辆运行数据、故障码、数据流，登录维修系统，查阅维修手册及维修技术报告，图 2-10 和图 2-11 所示为故障码数据和数据流信息数据分析。

图 2-10　诊断仪故障码数据

2）做好高压安全防护和按照规范流程对车辆进行高压断电。

3）检查各插接器外观及连接情况以及零件安装情况。

Cracked Alert Data for: BMS_a151_SW_external_isolation		

Cracked Alert Signal Name	Signal Text	Signal Value
BMS_a151_maxBrickT		40.400000000000006
BMS_a151_minBrickT		39.2
BMS_a151_humidityRel		10
BMS_a151_isoErrType	BMS_A035_EXTERNAL	2
BMS_a151_isoR		0
BMS_a151_state	BMS_STANDBY	0

图 2-11　诊断仪数据流信息数据分析

3. 故障分析

（1）故障产生的可能原因

1）动力蓄电池内部电解液泄漏、外部有液体进入、绝缘层被破坏，造成动力蓄电池模组和单体电池出现了导电的回路。

2）插接器和高压线缆的物理缺陷（损坏、老化）导致局部放电，插接器内部金属发生了表面镀银层的电迁移和主体材料的腐蚀，导致插接器绝缘阻值大幅降低失效。

3）高压部件因强电场、温度、机械力、湿度、周围环境等因素的长期作用，使绝缘状况逐渐下降、结构逐渐损坏。

4）高压部件上的污染物能够导电，尤其在下雨天导电强度更大，造成绝缘失效。

5）高压部件在潮湿环境或有水分进入时（进水，内部冷却液泄漏等）能够导电，造成绝缘失效。

6）绝缘检测电路和算法本身受到干扰或者出现了硬件的损坏。

以上均是绝缘故障产生的可能原因。

（2）故障产生的范围　电动汽车绝缘故障范围主要包括动力蓄电池内部和动力蓄电池外部的高压回路两种，具体故障范围如图 2-12 所示。

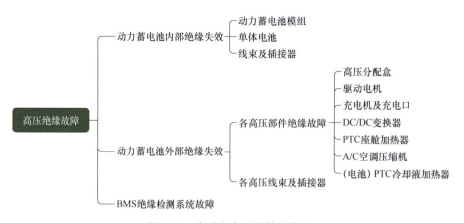

图 2-12　电动汽车绝缘故障范围

4. 诊断排故

（1）诊断分析　无论动力蓄电池内部还是动力蓄电池外部高压回路存在绝缘故障，仪表均会上报故障，直接导致高压断开。一旦报绝缘故障，可先确定是动力蓄电池内部还是外部高压部件绝缘不良。部分车型由于绝缘监测系统无法对绝缘故障点进行定位，需要进行逐步的人工排查；分段检测各部件和高压线束的绝缘情况。

1）根据 BMS_a151_SW_external_isolation 故障码和 Signal Value：2Mohm 数据流

初步分析高压系统绝缘故障的范围，初步判断是动力蓄电池外部高压绝缘异常故障。

2）若显示为动力蓄电池绝缘不良，需要断开动力蓄电池与整车的高压连接线束，使用仪器读取动力蓄电池绝缘值；发现故障点后，对箱体除水或更换失效件。

3）若显示为外部高压绝缘不良，根据该车型高压系统结构布局特征，检测过程中应遵循工作效率优先，需按照部件从外部到内部、从简到繁、从故障率高的部件到故障率低的部件的原则，依次对前高压分配盒、后高压分配盒、充电机、驱动单元等外部部件阻抗测试，采用排除法逐渐缩小故障范围，直至锁定故障点。发现故障点后，对部件除水或更换失效件。

（2）诊断流程　针对特斯拉的绝缘故障具体诊断流程如图 2-13 所示。

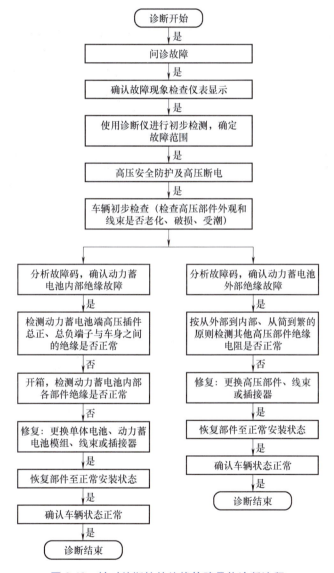

图 2-13　针对特斯拉的绝缘故障具体诊断流程

> **注意：** 当动力系统处于工作状态或者充电时不要维修高压部分。

（3）故障诊断

1）根据故障码和数据流初步分析高压系统绝缘故障的范围，初步判断是动力蓄电池外部高压绝缘故障。

2）高压断电。

> **安全小知识：**
>
> 做好一切准备工作后，关闭车辆电源，同时拔下车辆钥匙，将车辆钥匙交由操作人员单独保管。后续断开辅助蓄电池负极，以切断低压电路，涉及高压操作时，需拔下维修开关并进行安全保管，无维修开关的车辆可断开高压电路连接点。

① 关闭车辆电源：如图 2-14 所示，操作车辆显示屏幕，单击屏幕"安全 & 保障"，单击"关闭电源"，确认电源已关闭。

图 2-14　关闭车辆电源

② 如图 2-15 所示，断开蓄电池负极，使用绝缘胶带或绝缘帽对负极桩头做好绝缘防护。

图 2-15　断开蓄电池负极，并做好防护

③ 断开 LOOP 环插头，如图 2-16 所示。

图 2-16　断开 LOOP 环插头

④ 校验万用表是否正常。

⑤ 测量 LOOP 环插头电压，分别对 1 号和 2 号端子搭铁测量电压，应为 0，如图 2-17 所示。

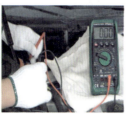

图 2-17　测量 LOOP 环插头电压

⑥ 高压断电完成。

安全小知识：

在工作前务必确认动力蓄电池触点的状态和绝缘电阻。一定要事先确保高压电部分已经分离，如图 2-18 所示，BMS 可以报告动力蓄电池触点状态，利用诊断仪可以读出，触点闭合表示 BMS 认为高压电存在，触点断开表示 BMS 认为高压电已经断开。

最重要的原则：如果怀疑，一定要用电压表测量高压电缆盒部件，证明高电压不存在。

触点状态	BMS状态	高压是否出现在回路上
Open	Standby	NO
Closed	Support	YES
Closed	Charge	YES
Closed	Drive	YES
Unknown	Fault	Depending on fault HV Battery may be connected or not isolated from chassis.
Closed	Charger Voltage	YES
Closed	Fast Charge	YES

图 2-18　动力蓄电池触点状态

3）实施检测。图 2-19 所示为高压绝缘电路布局图。

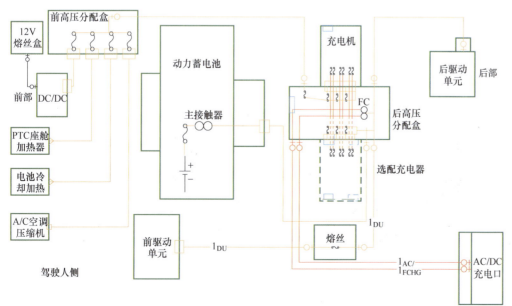

图 2-19　高压绝缘电路布局图

课堂笔记

检测绝缘电阻一般使用的检测工具是绝缘表，如图 2-20 所示。

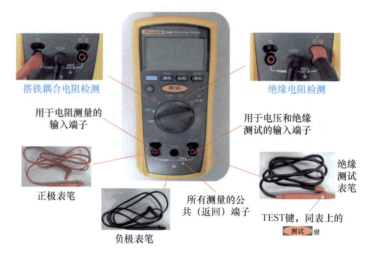

图 2-20　绝缘表

> **安全小知识：**
>
> 使用绝缘表测量绝缘电阻时，应配套绝缘手套和护目镜，单手操作高压部件进行测量。

> **小知识：**
>
> 国家标准中对电动汽车的绝缘电阻值提出了最低要求。根据 GB/T 18384.3—2015 规定，动力系统的测量阶段最小瞬间绝缘电阻为 0.5kΩ/V。
>
> 不同车型在绝缘电阻的标准值设定上存在差异，具体查看各车型维修手册，特斯拉 Model S 的绝缘电阻标准值应大于 550MΩ，否则判定为绝缘不良。

① 从后高压分配盒与动力蓄电池母线节点入手检测，取下后座椅并拆开框架，拆卸后高压分配盒上盖，如图 2-21 所示，戴好防护用具，首先为安全起见，先进行验电。测量动力蓄电池 B+对地、B−对地和 B+与 B−的电压，如图 2-22 所示，均小于 10V。

> **注意：** 任何检测超过 10V，要取下动力蓄电池维修粘连的触点。

图 2-21　拆卸后高压分配盒上盖

② 测量后高压分配盒与动力蓄电池母线节点的绝缘电阻，分别测量 B+对地、

图 2-22　测量动力蓄电池 B+ 与 B- 的电压

B-对地和 B+ 对 B- 的绝缘电阻，经测量，B+ 对地测试结果显示为 0.2MΩ，如图 2-23 所示，低于标准值，绝缘异常。

图 2-23　测量后高压分配盒与动力蓄电池母线节点的绝缘电阻

③ 进一步判断是动力蓄电池与驱动单元绝缘电阻异常，还是前高压分配盒等其他高压部件绝缘电阻异常。首先需断开前高压分配盒线束节点螺栓，再次测量动力蓄电池与驱动单元的母线节点 B+ 对地、B- 对地和 B+ 对 B- 的绝缘电阻均大于 2.2GΩ，如图 2-24 所示，则判断动力蓄电池与驱动单元绝缘正常。

图 2-24　测量动力蓄电池与驱动单元母线节点的绝缘电阻

④ 确认前高压分配盒等其他高压部件绝缘电阻是否存在异常，则在后高压分配盒上，测量已经断开的前高压分配盒线束节点，分别测量 B+ 对地、B- 对地和 B+ 对 B- 的绝缘电阻，如图 2-25 所示，经测量 B+ 对地绝缘电阻为 0.2MΩ，低于标准值，绝缘异常。则判断可能为前高压分配盒（含线束）以外的高压部件绝缘不良（其他

高压端子测量绝缘电阻方法相同）。

图 2-25　测量已经断开的前高压分配盒线束节点的绝缘电阻

⑤ 测量充电端口与后高压分配盒线束节点的绝缘电阻，显示为大于 2.2GΩ，如图 2-26 所示，绝缘正常。

图 2-26　测量充电端口与后高压分配盒线束节点的绝缘电阻

⑥ 在前舱处，断开前高压分配盒的四个高压附件插头（DC/DC 变换器、PTC座舱加热器、电池 PTC 冷却和空调压缩机），重新回到在后高压分配盒上，测量已经断开的前高压分配盒线束节点，如图 2-27 所示，此时绝缘正常，说明四个高压附件及线束可能存在绝缘不良。

图 2-27　断开高压附件插头，测量前高压分配盒线束节点的绝缘电阻

⑦ 测量前高压分配盒上空调压缩机线束绝缘电阻，如图 2-28 所示，显示为

0.4MΩ，绝缘异常。

图 2-28　测量空调压缩机线束绝缘电阻

⑧ 断开空调压缩机端线束插头，如图 2-29 所示。再次测量前高压分配盒上空调压缩机线束绝缘电阻，显示仍为 0.4MΩ，绝缘异常。说明空调压缩机与前高压分配盒的高压线束存在绝缘不良。

图 2-29　断开空调压缩机端线束插头

⑨ 如图 2-30 所示，用同样方法验证其他高压附件和线束绝缘正常。最终发现，故障点为空调压缩机与前高压分配盒的高压线束存在绝缘不良，找到绝缘故障点。

图 2-30　测量空调压缩机本体绝缘电阻

课堂笔记

（4）故障排除和竣工检查

1）故障排除。对绝缘不良的线束（空调压缩机与前高压分配盒的高压线束）进行更换，部分部件需重新进行标定。重新使用诊断系统，再次确认故障是否已经排除。

2）竣工检查。检查车辆状态，确认故障是否排除，确认故障指示灯是否熄灭，确认车辆能否正常上电，确认车辆能否正常行驶，检查电量。对车辆和场地进行 6S 管理。

5. 故障机理

电动汽车绝缘问题主要分为动力蓄电池内部和动力蓄电池外部的高压回路两种：

1）动力蓄电池内部绝缘失效。动力蓄电池内部主要是电解液泄漏、外部液体进入、绝缘层被破坏，造成动力蓄电池模组和单体电池出现了导电的回路。此类故障将会造成较为严重的后果，例如打火和烧蚀，引起模块内单体电池的短路故障。在动力蓄电池模组内，可通过 BMS 进行绝缘措施控制。

2）动力蓄电池外部的任一高压部件或线束绝缘失效。动力蓄电池外部的高压回路绝缘失效主要发生在高压插接器、高压线缆和高压用电部件内部。

① 高压插接器和高压线缆。引起绝缘失效的情况有两种，一种是局部放电引起的绝缘失效；另一种是插接器金属物质迁移导致的绝缘失效，在通电、高温、潮湿、氯离子存在的条件下，电插接器内部金属发生了表面镀银层的电迁移和主体材料的腐蚀，产物在电场的作用下附着在绝缘组件上，并将外金属套壳和内部金属件连接，从而导致插接器绝缘阻值大幅降低失效。

② 高压用电部件内部出现绝缘失效。在贯穿电动汽车整个寿命周期和使用情况下，如充电状态、正常状态、涉水、碰撞事故、暴雨、淹没、清洗等状态，均可以从爬电距离、固态绝缘和空气间隙等方面对绝缘进行破坏，从而出现绝缘问题。

③ BMS 绝缘检测系统故障。绝缘检测电路和算法本身受到干扰或者出现了硬件的损坏，如绝缘检测超差（受到外部干扰使检测值过高，设计范围超差）和绝缘检测失效。

任务二 ▶ BMS 故障诊断检修

【工作任务】

故障案例：如图 2-31 所示，一辆 2019 款比亚迪 e5 车辆行驶了 5 万 km，车辆出现高压上电异常，经维修技师检查确定是 BMS 出现故障，请给予解决。

图 2-31　比亚迪 e5 车辆仪表显示

本任务为"BMS 故障诊断检修"，以比亚迪电动汽车为例，源于《比亚迪电动汽车维修故障案例库》，属于典型工作任务，对接 1+X 职业技能等级证书"新能源汽车动力驱动电机电池技术（中级）"模块的能力要求。

【建议学时】

6 课时

【学习内容】

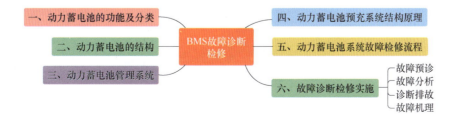

【学习目标】

知识目标：

1. 能绘制电动汽车 BMS 的结构布局。

2. 能解释电动汽车 BMS 控制原理及策略【难点】。

3. 能说出电动汽车 BMS 故障诊断检修流程和分析方法【重点】。

4. 能写出电动汽车 BMS 故障诊断机理。

能力目标：

1. 能使用诊断仪进行故障信息的读取，确认 BMS 故障现象。

2. 能根据预充控制原理及策略，借助诊断仪和维修手册等，分析 BMS 故障产生的可能原因【难点】。

3. 能根据故障原因，制订 BMS 故障检修方案。

4. 能根据检修方案，依据厂家技术标准，正确使用专用工具诊断与排除 BMS 故障，提高故障诊断逻辑思维能力【重点】。

素养目标：

1. 通过读取故障码和数据流、查阅维修手册等资料，具备信息检索和数据分析的能力。

2. 通过分组讨论分析故障原因和制订检修 BMS 故障方案，具备团队合作能力、分析问题和解决问题的能力，提高逻辑思维能力。

3. 通过对 BMS 故障检测，具备牢固的安全和责任意识，做到持证上岗，严格遵照企业高压安全操作的注意事项进行操作。

4. 通过为客户诊断与排除 BMS 故障，具备精益求精和严谨求实的工作态度，在检修工作中坚守岗位，对客户负责，增强职业荣誉感。

【知识准备】

一、动力蓄电池的功能及分类

1. 动力蓄电池的功能

动力蓄电池系统如图 2-32 所示，其是 EV 车动力能源，它为整车驱动和其他用电器提供电能。动力蓄电池系统是一个电能存储装置，它通常由动力蓄电池组、机械结构、ECU、热交换组件及高压电气元器件等构成。作为电动汽车核心"三电"系统之一，其作用相当于电动汽车的"心脏"，通过化学反应使电能与化学能之间进行能量相互转换，来实现电能的存储和释放，为电动汽车的驱动提供能源。

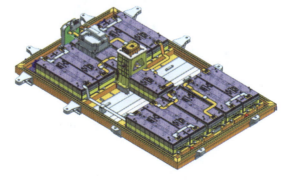

图 2-32　比亚迪 e5 动力蓄电池系统

蓄电池作为动力蓄电池系统存储电能的核心，是电动汽车的能量源，其性能参数影响整个动力蓄电池系统的使用寿命、产品性能以及成本等关键指标，关系到纯电动汽车的动力性能、续驶里程和制造成本。纯电动汽车对动力蓄电池要求包括比能量高、比功率大、循环寿命长、充放电效率高、安全性能好等。

> **思考：**您了解到的动力蓄电池类型有哪些？目前主要使用哪一种？其发展趋势如何？

2. 动力蓄电池的类型

电池通常依据能量转换的原理分为化学电池、物理电池和生物电池三大类。化学电池按正负极材料分为锌锰电池系列、镍镉镍氢系列、铅酸系列、锂电池系列等，其中，铅酸蓄电池、镍氢蓄电池、锂离子蓄电池等是目前车辆比较常用的动力蓄电池。另外，物理电池是利用光、热、物理吸附等物理能量发电的电池，如太阳能电池、超级电容器、飞轮电池等。生物电池是利用生物化学反应发电的电池，如微生物电池、酶解电池、生物太阳能电池等。具体分类如图 2-33 所示。

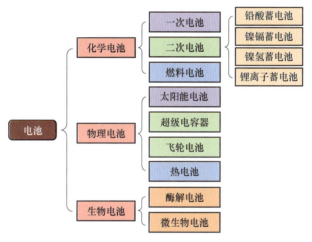

图 2-33　电池的类型

3. 典型动力蓄电池

目前，纯电动汽车的动力蓄电池主要是锂离子蓄电池，混合动力汽车的动力蓄电池有镍氢蓄电池、锂离子蓄电池等。

（1）镍氢蓄电池　镍氢蓄电池采用镍氧化物作为正极，金属氢化物作为负极，碱液（主要成分 KOH）作为电解液，如图 2-34 所示。能量密度较铅酸蓄电池高、高速放电能力强、循环寿命较铅酸蓄电池长、成本较锂离子蓄电池低；重量与记忆效应较锂离子蓄电池大、电压平台低、使用过程忌过充电、耐高温性能差。

（2）锂离子蓄电池　锂离子蓄电池是一种主要依靠锂离子在正极和负极之间往返移动来工作的二次电池（充电电池），如图 2-35 所示。

图 2-34　镍氢蓄电池

按照锂离子蓄电池正极的材料不同，可以分为锰酸锂离子电池、磷酸铁锂离子电池、镍钴锂离子电池或镍钴锰锂离子电池；按照锂离子电池外形形状，可以分为方形锂离子电池和圆柱形锂离子电池、纽扣锂离子电池以及薄膜离子电池。相对于其他类型电池，锂离子蓄电池的优点见表 2-1。

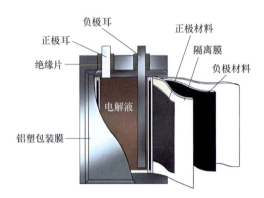

图 2-35　锂离子蓄电池

表 2-1　锂离子蓄电池的优点

序号	性能指标	说明
1	工作电压高	钴酸锂离子电池的工作电压为 3.6~3.7V，锰酸锂离子电池的工作电压为 3.7V，磷酸铁锂离子电池的工作电压为 3.2V，而镍氢蓄电池、镍镉蓄电池的工作电压仅为 1.2V
2	比能量高	锂离子蓄电池正极材料的理论比能量可达 350W·h/kg 以上，实际应用中由于不可逆容量损失，比能量通常低于这个数值，但目前量产单体电池已达到 280~300W·h/kg，是镍氢蓄电池、镍镉蓄电池比能量的数倍
3	循环寿命长	目前，锂离子蓄电池在深度放电情况下，循环次数可达 1000 次以上，其性能远远优于其他同类电池
4	自放电小	锂离子蓄电池月自放电率仅为总容量的 5%~9%，大大缓解了传统的二次电池放置时由自放电所引起的电能损失问题
5	无记忆效应	锂离子蓄电池和磷酸铁锂电池通常不会因为充电前没有完全放电而产生记忆效应，这意味着用户可以随时充电，而不必担心对电池寿命的影响
6	环保性高	相对于传统的铅酸蓄电池、镍镉蓄电池甚至是镍氢蓄电池废弃可能造成的环境污染问题，锂离子蓄电池中不包含汞、铅、镉等有害元素

二、动力蓄电池的结构

1. 动力蓄电池的外部特征

图 2-36 所示为比亚迪 e5 动力蓄电池的外部结构图，其主要由动力蓄电池密封盖、托盘、12V 车载网络连接口和高压接口组成。

图 2-36　比亚迪 e5 动力蓄电池的外部结构图

2. 动力蓄电池的内部结构

动力蓄电池模组是由若干个电芯（又称为单体电池）通过并联和串联后形成的。为达到动力蓄电池电压要求，需要将多个电池模块进行串联提升电压，形成动力蓄电池模组。多个动力蓄电池模组再串联成电池包，电池包最终组成动力蓄电池。

比亚迪 e5 磷酸铁锂电池由动力蓄电池模组、动力连接片、连接电缆、采集器、采样线束、电池组固定压条和密封条组成，如图 2-37 所示。信息采集器包括电压采样、温度采样和通信端口。

电池组
固定压条

采集器（BIC）

采样线束-黑色

白色密封条
（密封盖与托盘之间）

图 2-37　比亚迪 e5 动力蓄电池的内部结构

比亚迪 e5 磷酸铁锂电池由 13 个模组串联组成，总电压为 633.6V，容量为 75A·h；电池组高压接口在 1 号电池负极、13 号电池正极。13 号模组在 1 号的上层，12 号模组在 11 号的上层，6、7、8 号模组分别在 5、4、9 号的上层，如图 2-38 所示。

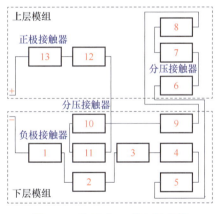

上层模组

正极接触器

8

7

分压接触器

13　12

6

分压接触器

负极接触器

10

9

1　11　3　4

2　5

下层模组

图 2-38　比亚迪 e5 模组的结构

三、动力蓄电池管理系统

1. 动力蓄电池管理系统的功能

BMS 的主要功能有数据采集、状态检测、安全保护、充放电控制、能量控制管理、均衡管理、热管理以及信息管理等。

（1）数据采集　数据采集是 BMS 所有功能的基础，需要采集的信息有电池组总电压、电流、动力蓄电池模块电压和温度。动力蓄电池的荷电状态（SOC）和剩余电量的计算、充放电优化、故障预警等功能，都是以监测各种电池参数为依据的。

（2）状态监测　动力蓄电池是一个复杂的非线性时变系统，具有多个实时变化的状态量。准确而高效地监测动力蓄电池的状态量是动力蓄电池及成组管理的关键，也是电动汽车能量管理和控制的基础。因此，BMS 需要基于实时采集的动力蓄电池数据，运用既定的算法和策略进行动力蓄电池组的状态估计，从而获得每一时刻的动力蓄电池状态信息，具体包括动力蓄电池的 SOC、SOH（电池健康状态）、SOP（电池功率状态）以及能量状态（State of Energy，SOE）等，为动力蓄电池的实时状态分析提供支撑。

（3）安全保护　安全保护主要用于监视动力蓄电池电压、电流和温度等是否超过正常范围，防止电池组过充电和过放电。及时准确地掌握电池组或单体电池的各项状态信息，在异常状态出现时及时发出报警信号或断开电路，防止意外事故的发生。

（4）充放电控制　充放电控制是指对电流的充放电控制，即按事先设定的充放电控制标准，根据 SOC、SOH 和温度来限定充放电电流，并对电池组单体或模块进行电量均衡等，可有效防止过充或过放。

（5）能量控制管理　为了保证车辆安全、经济地运行，BMS 需要根据采集到的动力蓄电池数据和实时状态信息，合理控制动力蓄电池的能量输出以及再生制动的能量回收。若电动汽车装有复合电源，BMS 还需根据复合电源各自的状态信息优化分配动力蓄电池的能量，以保证复合电源的最佳性能。

（6）均衡管理　为了充分发挥动力蓄电池单体的性能，保证电池组的使用安全，BMS 需要根据动力蓄电池单体的信息，采取主动或被动的均衡方式，尽可能降低动力蓄电池单体在使用过程中的不一致性。

（7）热管理　热管理主要是对动力蓄电池的冷却系统和冷却装置的检测及控制，使动力蓄电池单体间的温度保持均衡，从而达到动力蓄电池充放电的最大化。

（8）信息管理　BMS 需要集成多个功能模块，并合理协调各模块之间的通信运行。由于运行的数据量庞大，BMS 需要对动力蓄电池的运行数据进行处理和筛选，存储关键数据，并保持与 VCU 等网络节点进行通信。BMS 还需要与云端平台进行实时交互，以更好地处理动力蓄电池的管理问题，提高管理品质。

2. 动力蓄电池管理系统的结构原理

BMS 由各类传感器、执行器、控制器以及信号线等组成，其主要任务是确保动力蓄电池系统的安全可靠，提供汽车控制和能量管理所需的状态信息，而且在出现异常情况时对动力蓄电池系统采取适当的干预措施；通过采样电路实时采集电池组以及各个组成单体的端电压、工作电流和温度等信息；运用既定的算法和策略估算电池组 SOC、SOH、SOP 以及剩余寿命（Remaining Useful Life，RUL）等，并将参数输出到电动汽车 VCU，为电动汽车的能量管理和动力分配控制提供依据。其工作原理图如图 2-39 所示。

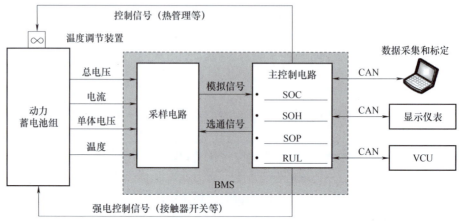

图 2-39　典型的电动汽车动力蓄电池组管理系统的工作原理图

3. 比亚迪 e5 BMS

2019 款比亚迪 e5 动力蓄电池安装在前舱辅助蓄电池旁边，其上共有两个低压插接件 BK45（A）、BK45（B），如图 2-40 所示。

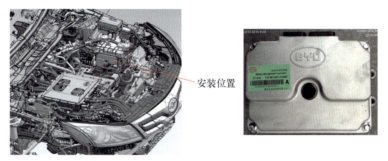

安装位置

图 2-40　动力蓄电池安装位置

比亚迪 e5 采用分布式 BMS，它由电池管理控制器（BMC）、电池信息采集器和电池采样线组成，其拓扑结构图如图 2-41 所示。电池管理控制器的主要功能有充放电管理、接触器控制、功率控制、电池异常状态报警和保护、SOC/SOH 计算、自检以及通信功能等；电池信息采集器的主要功能有电池电压采样、温度采样、电池均衡、采样线异常检测等；动力蓄电池采样线的主要功能是连接电池管理控制器和电池信息采集器，实现两者之间的通信及信息交换。

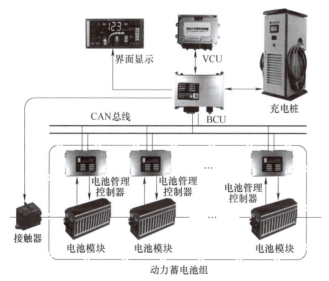

图 2-41　分布式 BMS 拓扑结构图

> **思考：** 目前市场上常用的动力蓄电池品牌有哪些？中国的动力蓄电池知名品牌有哪些？

四、动力蓄电池预充系统结构原理

在电动汽车的驱动系统中，动力蓄电池与电机控制器是相连的，电机控制器中有容量较大的电容。如果上电之前电容处于零状态，即电容内没有能量，那么在电路闭合瞬间，相当于直接短路，电流非常大，这么大的电流如不加以限制，将对动力蓄电池和继电器造成巨大冲击。因此，电动汽车的电源系统必须加上预充电电路，以减小上电时的冲击电流，保护电机控制器、动力蓄电池和主继电器。

电动汽车的接触器包括主正接触器、主负接触器和预充接触器，图 2-42 所示为

2019 款比亚迪 e5 的动力蓄电池接触器控制电路图。动力蓄电池高压电源的输出/输入由其内部主正、主负两个母线接触器控制，由 BMS 控制。预充电路主要由预充继电器和预充电阻组成。

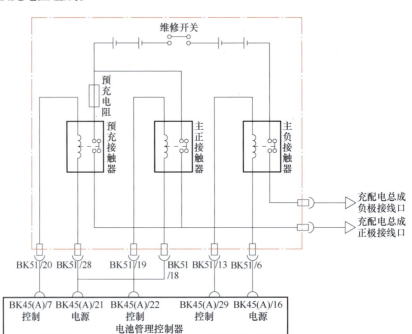

图 2-42　2019 款比亚迪 e5 的动力蓄电池接触器控制电路图

BMS 通过 CAN 总线采集到上电指令控制预充接触器和主负接触器闭合，导通高压供电电路给电机控制器供电，车辆进入预充电过程，此时用高压、小电流给各控制器电容充电。当电容两端电压接近动力蓄电池总电压时（一般差值小于 5V），认为预充电成功。否则，预充电失败，预充电失败无法起动电动汽车，整车故障指示灯点亮。如果 BMS 通过接收到预充电成功信号，控制主正接触器与主负接触器闭合，输出高压电到各高压用电器。

五、动力蓄电池系统故障检修流程

BMS 对于保障电动汽车电池组的安全及使用寿命，最大限度发挥动力蓄电池系统效能具有重要作用。其诊断检修流程遵循的原则是由简入繁、由外向内。BMS 故障的主要诊断步骤如下：

1）验证故障现象，观察仪表指示灯。
2）初步诊断，进行车辆的基本检测。
3）用诊断仪读取故障码。
4）制订维修计划。
5）根据维修计划进行维修。
6）排除故障。
7）BMS 故障的具体诊断流程如图 2-43 所示。

六、故障诊断检修实施

1. 故障预诊

1）听取客户的诉求，问诊车辆情况，调取车辆维修记录，了解车辆历史情况。例如，在什么情况下出现该故障，做了哪些操作，故障发生的时刻和频率，最后获得故障线索。

2）踩下制动踏板，操纵变速杆置于前进档，观察仪表显示，确认车辆是否正常上电，有无异常指示。

3）完成车辆的基本检查，进行故障的初步诊断。打开前舱盖，检测12V辅助电池的电压是否正常，插头是否有松动，电路是否有破损，打开熔丝、继电器盒，检测是否完整，如图2-44和图2-45所示。

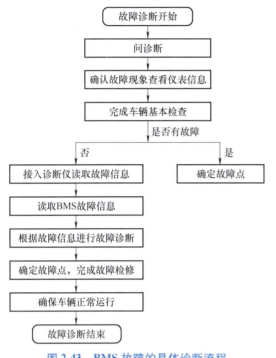

图 2-43 BMS 故障的具体诊断流程

图 2-44 测量 12V 辅助电池电压

课堂笔记

图 2-45 车辆基本检查

4）接入诊断仪读取车辆运行数据，查看故障码和数据流，如图2-46所示，并对其进行分析，确定故障范围。

图 2-46 BMS 故障码和数据流

2. 故障分析

（1）故障产生的可能原因　通过前面的初步诊断，锁定是BMS故障，其故障原因主要包括以下几方面：

课堂笔记

1）BMS 的供电电压异常。首先测量整车插接件处，整车给 BMS 的供电电压是否有稳定的输出。

2）动力蓄电池低压插头故障。插接件退针或损坏会导致从板无电源或从板数据无法传输到主板，应检查插头和插接件，发现退针或损坏的进行更换。

3）BMS 本身故障。有可能 BMS 主板等自身问题导致 BMS 无法正常工作。

4）线束问题。BMS 与动力蓄电池低压插头之间的线束出现断路或者短路，会导致动力蓄电池与 BMS 之间无法进行数据传输。

5）预充电路问题。主正、主负或者预充三个接触器有问题，也会导致高压无法上电。

（2）BMS 控制系统电路分析　图 2-42 所示为动力蓄电池接触器控制电路图，比亚迪 e5 的预充电路包括主正接触器、主负接触器和预充接触器，其中，预充接触器和主正接触器并联。三个接触器线圈的供电和搭铁都由 BMS 控制，BK45（A）/21 是 BMS 对预充接触器和主正接触器的公共供电端子，BK45（A）/7 和 BK45（A）/22 分别是预充接触器和主正接触器通过 BMS 的搭铁端子，BK51/28 和 BK51/20 分别是预充接触器线圈在动力蓄电池包一端的供电和搭铁控制端子，BK51/18 和 BK51/19 分别是主正接触器线圈在动力蓄电池包一端的供电和搭铁控制端子。BK45（A）/16 和 BK45（A）/29 分别是 BMS 对负极接触器线圈的供电和搭铁端子，BK51/6 和 BK51/13 分别是主正接触器线圈在动力蓄电池包一端的供电和搭铁控制端子。三个接触器都是由 BMS 通过控制其接触器线圈的搭铁控制端来控制其是否工作。

（3）故障产生的范围　针对上述故障现象，可以确定其故障范围为 BSM 供电故障、动力蓄电池低压插头故障、BMS 自身故障、线束故障、预充电路故障，如图 2-47 所示。

3. 诊断排故

（1）诊断分析　首先正确验证车辆的故障现象，然后检查车辆动力蓄电池电压是否正常，确认高低压线束外观、插接器连接状况是否正常。通过故障码和数据流进一步分析故障原因并确定故障范围。

（2）诊断流程　针对上述故障现象，按照图 2-43 BMS 故障诊断流程，进行故障诊断。

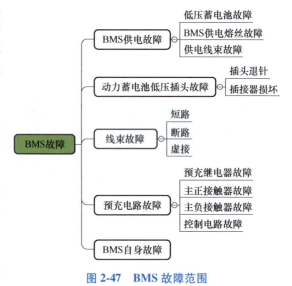

图 2-47　BMS 故障范围

> **注意**：当动力系统处于工作状态或者充电时不要维修高压部分。

（3）故障诊断

1）接入诊断仪读取车辆运行数据，读取 BMS 的故障码和数据流，如图 2-46 所示，并对其进行分析，确定故障范围。读取到故障码为 P1A4200，显示负极接触器烧结故障，通过读取数据流，显示未预充，并且主正接触器、主负接触器、预充接触器、充电接触器都为断开状态。根据上述信息，初步判断故障为主负接触器。

2）查看比亚迪 e5 电路，如图 2-48 所示，查找 BMS 和动力蓄电池低压插头各个端子。

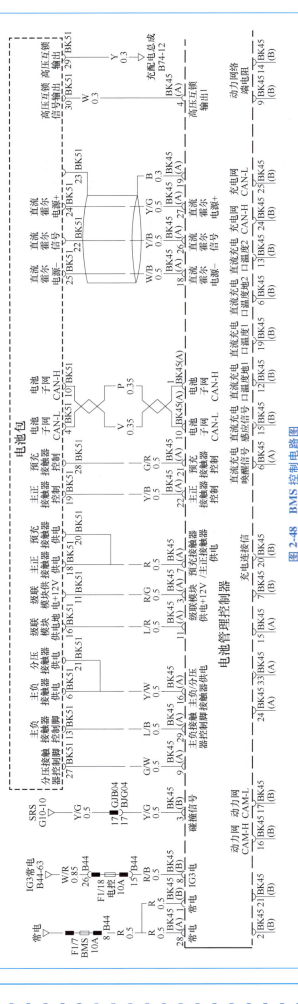

图 2-48 BMS 控制电路图

课堂笔记

3）通过插入备针，测量 BK45（A）/16 对地之间的电压为 12V，如图 2-49 所示，正常。BMS 在实车上的位置如图 2-50 所示。

图 2-49　测量值

图 2-50　BMS 在实车上的位置

4）通过插入备针，读取 BK51/6 的对地电压值，结果为 12V，正常。BK51 端子在实车上的位置及其端视图如图 2-51 和图 2-52 所示。

5）检测 BK51/13 的对地电压值为 12V，正常。

6）检测 BK45（A）/29 的对地电压值为 0，异常。在未上电的情况下，BMS 没有控制 BK45（A）/29 端子搭铁，此时电压应该为 12V。

图 2-51　BK51 端子在车上的位置

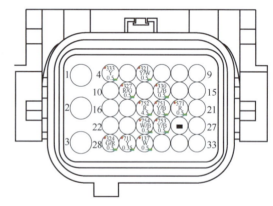

图 2-52　BK51 端视图

7）断电后，用电阻档测量 BK51/13 与 BK45（A）/29 之间的线束电阻为无穷大，如图 2-53 所示。一端通过备针插入 BK51/13 端子，另一端通过导线连接 BK45（A）/29 端子。

8）确定故障点为 BK51/13 与 BK45（A）/29 之间线束出现断路。

（4）故障排除和竣工检查

1）故障排除。

① 完成高压断电。

② 拔下动力蓄电池低压线束插头。

③ 更换低压线束。

④ 按照相反的顺序进行安装。

⑤ 重新使用诊断系统，再次确认故障是否已经排除。

2）竣工检查。检查车辆状态：确认故障是否排除，故障指示灯是否熄灭，车辆能否正常行驶，检查电量。对车辆和场地进行 6S 管理。

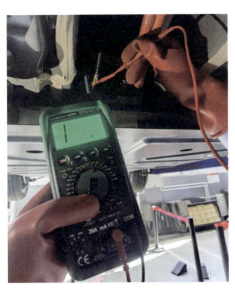

图2-53　BK51/13 与 BK45（A）/29 之间线束电阻测量

4. 故障机理

BMS 通常对单体电压、总电压、总电流和温度等进行实时监控采样，并将实时参数反馈给 VCU。BMS 除了对动力蓄电池性能参数进行监控、实施电性能管理以外，还具有以热管理为主的应用环境管理，实施对动力蓄电池的加热和冷却，确保动力蓄电池的良好应用环境温度以及温度场的一致性。若 BMS 发生故障，就失去了对动力蓄电池的监控，不能估计动力蓄电池的 SOC，容易造成动力蓄电池的过充、过放、过载、过热以及不一致性问题的增加，影响动力蓄电池的性能、使用寿命和行车安全。

引起 BMS 故障的原因有很多，其故障类型包括 CAN 系统通信故障、BMS 未正常工作、电压采集异常、温度采集异常、绝缘故障、内外总电压测量故障、预充电故障、无法充电、电流显示异常故障、高压互锁故障等。通过初步整车检查和诊断仪诊断，可以把故障范围进一步缩小，最后锁定在主负接触器故障，导致主负接触不工作的原因是主负接触器线圈断路、主负接触器触点烧蚀等引起的不吸合、主负接触供电和搭铁出现异常。引起供电和搭铁异常的原因有可能是电路的问题，也有可能是 BMS 故障。

课堂笔记

任务三 高压互锁故障诊断检修

【工作任务】

故障案例：如图 2-31 所示，一辆 2019 款比亚迪 e5 纯电动汽车，打开起动开关后无法上 OK 电，OK 指示灯闪烁后熄灭；动力系统警告灯亮，档位控制器失效，不能正常换入档位；仪表显示"请检查动力系统"字样，请给予解决。

本任务"高压互锁故障诊断检修"以比亚迪 e5 电动汽车为例。

该案例任务源于《特斯拉电动汽车维修故障案例库》，属于高频工作任务，对接1+X职业技能等级证书"新能源汽车动力驱动电机电池技术（高级）"模块的能力要求和比亚迪技师的培训要求。

【建议学时】

6 课时

【学习内容】

【学习目标】

知识目标：

1. 能绘制高压互锁的结构布局。

2. 能解释高压互锁的原理及控制策略【难点】。

3. 能说出高压互锁故障诊断检修的流程和分析方法【重点】。

4. 能写出高压互锁的故障机理。

能力目标：

1. 能使用诊断仪进行故障信息的读取，确认高压互锁系统故障现象。

2. 能根据高压互锁系统控制原理及策略，借助诊断仪和维修手册等，分析高压互锁系统故障产生的原因【难点】。

3. 能根据故障原因，制订高压互锁系统故障检修方案。

4. 能根据检修方案，依据厂家技术标准，正确使用专用工具诊断与排除高压互锁系统故障，提高故障诊断逻辑思维能力【重点】。

素养目标：

1. 通过读取故障码和数据流、查阅维修手册等资料，具备信息检索和数据分析的能力。

2. 通过自主学习、分组讨论，分析故障原因和制订高压互锁检修方案，具备团队合作、独立自主、分析问题和解决问题的能力，提高逻辑思维能力。

3. 通过对高压互锁系统故障检测，具备精益求精的工匠精神。

4. 通过为客户诊断与排除高压互锁故障，具备安全、规范、服务意识和责任心，增强职业荣誉感。

5. 通过学习高压互锁的原理和策略，对比吉利新能源汽车，增强我国自主品牌荣誉感。

【知识准备】

一、高压互锁的功能和设计目的

> **思考：** 如果直接拔掉电动汽车的高压线束，是否会因为电弧产生火灾？

1. 高压互锁的功能

高压互锁（High Voltage Inter-lock，HVIL）是指通过使用电气低压信号，来检查车辆高压器件、电路、插接器及护盖的电气完整性，若识别出回路异常断开时，则会断开高压电，保障用户安全，它是纯电动汽车上一种利用低压信号监测高压回路完整性的安全设计措施。高压互锁回路接通或断开的同时，电源控制器接收反馈信号，进而控制高压电路的通断。

2. 高压互锁的设计目的

从系统功能安全的角度出发，每个可能存在的风险，都需要配置相应的安全技术手段予以监测，以降低风险发生的概率。从这个层面出发，高压互锁，作为电动汽车高压系统安全的一个安全措施，在电路设计中使用。高压互锁回路设计的目的如下：

1）整车在高压上电前确保整个高压系统的完整性，使高压处于一个封闭的环境下工作，从而提高安全性。

2）当整车在运行过程中，高压系统回路断开或者完整性受到破坏时，需要启动安全防护系统。

3）防止带电插拔高压插接器给高压端子造成拉弧损坏。

二、高压互锁的结构与原理

1. 高压互锁的结构

高压互锁系统由互锁信号回路、互锁监测器和自动断路器组成。

（1）互锁信号回路 高压互锁信号回路包括两部分，一部分用于监测高压供电回路的完整性，另一部分用于监测所有高压部件保护盖是否非法开启。

高压互锁信号线与高压电源线并联，将所有的连接串接起来组成一个完整的回路，高压部件保护盖与盒盖开关联动，盒盖开关串联在高压互锁信号回路中。

若高压回路内某一部位未连接到位，则互锁信号送入 VCU 内，VCU 就不使动

课堂笔记

力蓄电池对外供电。2019 款比亚迪 e5 的高压互锁回路图如图 2-54 所示。

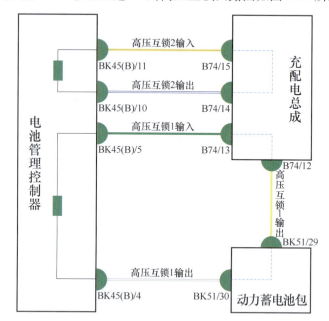

图 2-54　2019 款比亚迪 e5 的高压互锁回路图

（2）互锁监测器

1）高压插接器监测器。当检测电路断开时，VCU 或 BMS 即认定高压插接件松脱，高压互锁回路就会触发高压断电信号，此时为了保证整车安全。图 2-55 所示为高压互锁监测器。

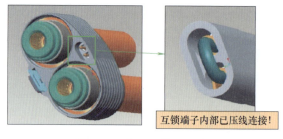

图 2-55　高压互锁监测器

2）高压部件开盖监测器。其结构类似于插接器，一端安装于高压部件保护盖上，另外一端安装于高压部件主体内部，当保护盖开启时，插接器也断开，高压互锁信号中断。通常，需要设置监测器的部件包括驱动电机控制器和高压控制盒等。图 2-56所示为高压部件开盖监测器。

图 2-56　高压部件开盖监测器

（3）自动断路器（也称为主正、主负接触器） 自动断路器为互锁系统切断高压源的执行部件，形式类似于继电器，如图 2-57 所示。

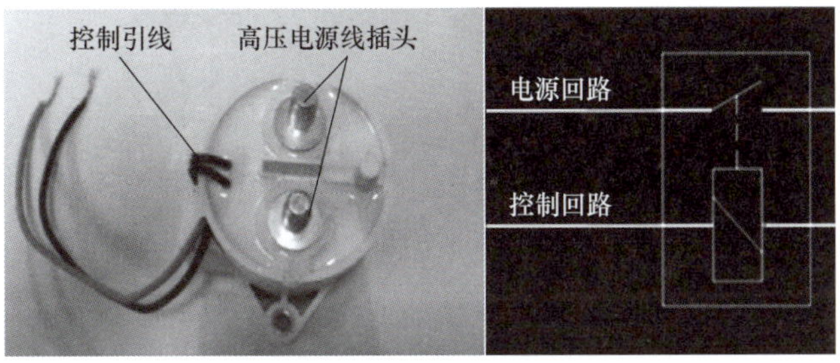

a) 自动断路器实物　　b) 内部原理图

图 2-57　自动断路器

2. 高压互锁的原理

高压互锁装置采用低压导线作为信号线，与高压电源线并联在高压线束护套管内，并将所有高压部件串联起来形成回路。由于高压互锁插头中高压电源的正、负极端子与中间互锁端子的物理长度不同，如图 2-58 所示，所以当连接高压插头时，高压插头的电源端子会先于中间互锁端子完成连接；断开高压插头时，中间互锁端子则先于高压电源的正、负极端子脱开，从而避免了高压环境下拉弧的产生。同时，高压互锁装置内还配备了用于监测高压部件盖板是否可靠关闭的行程开关以及车辆碰撞和翻转信号监测装置，用于触发断电信号，确保在毫秒级时间内断开高压回路，并利用高压系统放电电路将汽车高压部件电容端的电压短时间内放掉，避免漏电或火灾事故的发生。

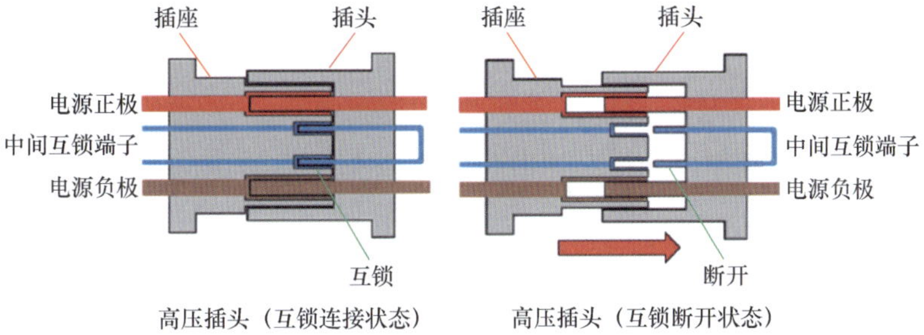

图 2-58　高压互锁的工作原理图

三、动力蓄电池系统故障检修流程

为了保证各用电器高压线束连接到位，以防止意外接触到漏电（相当于燃油泄漏），以及异常状态情况下（例如碰撞损坏、非正常操作断开高压用电器等）的安全，仅靠检测、目视检查显得不足。因此，高压互锁回路就显得极其重要。其诊断检修流程遵循的原则是由易入难、由外向内。高压互锁系统故障的主要诊断步骤如下：

1）验证故障现象，观察仪表指示灯。

2）初步诊断，进行车辆的基本检测。

3）用诊断仪读取故障码。

课堂笔记

4）制订维修计划。

5）根据维修计划进行维修。

6）排除故障。

高压互锁系统故障的具体诊断流程如图 2-59 所示。

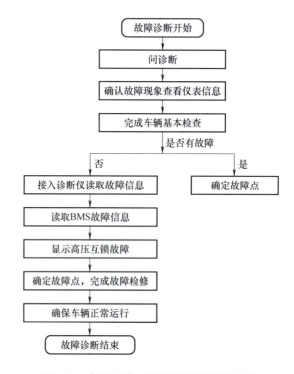

图 2-59　高压互锁系统故障的具体诊断流程

四、故障诊断检修实施

1. 故障预诊

1）听取客户的诉求，问诊车辆情况，调取车辆维修记录了解车辆历史情况。在什么情况下出现该故障，做了哪些操作，故障发生的时刻和频率，获得故障线索。

2）踩下制动踏板，操纵变速杆置于前进档，观察仪表显示，确认车辆是否正常上电，有无异常指示。

3）完成车辆的基本检查，进行故障的初步诊断。打开前舱盖，检测 12V 蓄电池的电压是否正常，插头是否有松动，电路是否有破损，打开熔丝、继电器盒，检测是否完整。

4）接入诊断仪读取车辆运行数据，查看故障码和数据流，并对其进行分析，确定故障范围。

2. 故障分析

（1）故障产生的可能原因　通过前面的初步诊断，锁定是高压互锁故障，作为一个回路，故障无非是断路与短路，其故障原因主要包括以下几个方面：

1）高压互锁开关失效：关闭盖板之后开关不能闭合是互锁开关常见的故障。可能原因是设计尺寸偏差，导致互锁开关不能闭合；盖板突出的筋结构高度偏低，高压互锁开关不能闭合到位，致使互锁回路断路；设计不合理导致安装过程中互锁开关结构失效致使开关不能闭合。设计互锁开关时要综合考虑安装可能情况调整开关的朝向，从而避免结构失效。

2）端子退针导致断路：当互锁回路的低压线束中部分线束的端子以及高压用电器和高压互锁回路上的端子质量有问题时，会导致端子退针，导致公母端子接触不良。可以采用"二分法"快速精准定位故障位置。需要注意的是，在进行问题排查时，需要使用合适尺寸的探针。探针直径不宜选得过大，否则会影响端子的接触质量和使用寿命。

3）互锁端子对地短路：由高压互锁回路的工作原理可知，虽然回路是通的，但对地短路也会报高压互锁断路。

4）动力蓄电池内部故障：若整车报高压互锁回路故障，而实际检测下来线束是完整的，且检测没有断路/对地短路的情况，则可带电测量互锁回路是否形成通路，即确认低压线束回路相通，高压线束都连接完好。然后将高压互锁回路任何一个地方断开，使用欧姆档测量是否导通，则还可以继续排查验证是否是动力蓄电池内部的故障。

（2）高压互锁系统电路分析　图2-54所示为比亚迪e5的高压互锁回路图，该车型包括两个互锁回路，即高压互锁1和高压互锁2。BK45（B）/4 和 BK45（B）/5 分别为高压互锁1从电池管理器的输出和输入信号，高压互锁1的信号传输方向为 BK45（B）/4—BK51/30—BK51/29—B74/12—B74/13—BK45（B）/5。BK45（B）/10 和 BK45（B）/11 分别为高压互锁2从电池管理控制器的输出端和输入端，高压互锁2的信号传输方向为 BK45（B）/10—B74/14—B74/15—BK45（B）/11。

（3）故障产生的范围　针对上述故障现象，可以确定其故障范围为高压互锁电路故障、插头故障和控制端故障，如图2-60所示。

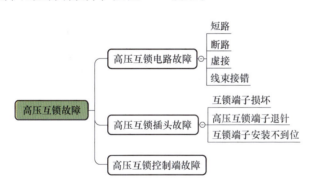

图2-60　高压互锁系统故障范围

3. 诊断排故

（1）诊断分析　首先通过试车和仪表信息，确认故障现象，接着通过整车的基本检查，辅助蓄电池、线束、插头的表面故障，然后接入诊断仪读取车辆信息，通过故障码和数据流进一步分析故障原因并确定故障范围。

（2）诊断流程　针对上述故障现象，按照图2-61高压互锁系统故障诊断流程，进行故障诊断。

> **注意**：当动力系统处于工作状态或者充电时不要维修高压部分。

（3）故障诊断

1）通过读取BMS的故障码和数据流，显示高压互锁2故障。

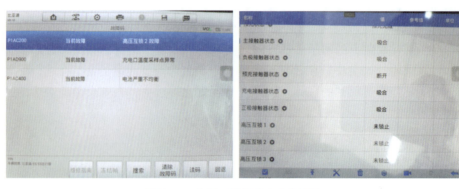

图 2-61　高压互锁故障码和数据流

> **说明：** P1AD900 和 P1AC400 这两个故障码是车辆本来故障，可以忽略；高压互锁 3 是扩充的部分，本车没有启用，可以忽略。

2）查看比亚迪 e5 电路，如图 2-54 所示，查找高压互锁 2 电路中各个互锁端子。

3）检测 BK45（B）/10、B74/14 的波形，如图 2-62 所示。

结论：说明交流高压互锁输出信号正常。

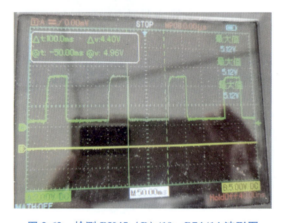

图 2-62　检测 BK45（B）/10、B74/14 波形图

4）检测 BK45B/11、B74/15 波形均异常且电压值为 4.9V，如图 2-63 所示。B74 插头的端视图和在实车上的位置如图 2-64 和图 2-65 所示。

图 2-63　检测 BK45B/11、B74/15 波形图

结论：交流高压互锁输入信号异常，可能的故障原因为充配电总成故障、线束故障、BMS故障，初步分析可能为互锁信号断路。

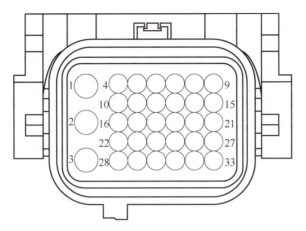

图 2-64　B74 端视图

图 2-65　B74 插头在车上的位置

5）断电后，测量 B74/15 到 BK45B/11 电阻接近 0，正常；断开 B74/15、BK45B/11 插接器，测量高压互锁输出电路对地和正极电阻无穷大，阻值均正常；测量 B74/14 和 B74/15 之间的电阻为无穷大，如图 2-66 所示。

结论：B74/14 到 B74/15 之间存在断路。

图 2-66　电阻测量

（4）故障排除和竣工检查

1）故障排除。

课堂笔记

① 完成高压断电。

② 拔下充电配总成的 B74 插头。

③ 更换充配电总成。

④ 重新使用诊断系统，再次确认故障是否已经排除。

2）竣工检查。检查车辆状态：确认故障是否排除，故障指示灯是否熄灭，车辆能否正常行驶，检查电量。对车辆和场地进行 6S 管理。

4. 故障机理

新能源汽车中的高压互锁系统是不能缺少的，高压互锁系统也可以被称为危险电压互锁回路，主要是利用其中的低压蓄电池所释放出的信号来检测以及反映高压回路的具体情况，从而了解高压回路中的完整性，一旦高压回路断开或者出现破损，会导致其互锁失效。在启动汽车之前，一旦高压互锁系统有问题，会使汽车不能启动高压电；一旦在行驶的途中高压互锁发生失效情况，汽车将会产生警报信号，新能源汽车在出现警报提示的时候，可能会使高压回路直接断开，不同的新能源汽车应对措施是不同的，可是一旦高压互锁系统失去了其具体的效应，产生了故障，必须及时修复，以确保安全。

高压互锁系统借助一个 ECU 和低压线束，组成闭合回路，检查完整性。检查接收到的信号参数来判断，间接反映连接状况和模块状态。从安全角度考虑，使用 PWM（脉冲宽度调制）信号无疑是一种非常好的选择，可以避免互锁回路对地或者对电短路的情况。从高压互锁的结构可以看出故障类型包括电路故障、高压插头故障、高压互锁控制端故障。通过初步整车检查可以排除插头脱离、12V 蓄电池电压异常等故障，通过接入诊断仪，可以把故障范围进一步缩小，最后锁定高压互锁系统故障，比亚迪 e5 的高压互锁系统分为两路，通过诊断仪可以确定是哪一路高压互锁电路出现故障。正常的高压互锁信号是 5V 的 PWM 信号，通过检测该路高压互锁电路的信号就可以确定故障点。

任务四　动力 CAN 故障诊断检修

【工作任务】

故障案例：王先生的一辆 2018 年生产的比亚迪 e5 纯电动汽车，按下启动按钮上电，仪表显示"请检查动力系统、电子驻车系统、请及时充电"等故障文本提示，且多个故障警告灯同时点亮，如图 2-67 所示。初步诊断为动力 CAN 系统存在故障，请给予解决。

本任务主要学习新能源汽车动力 CAN 总线系统。通过学习，知道新能源汽车动力 CAN 总线系统的作用、组成、工作原理和检修方法；能按流程规范对新能源汽车 CAN 总线系统进行故障诊断与排除。学习方式采用观看多媒体课件、相互讨论、现场教学、小组合作学习等。

本次课属于企业一线工作的复杂程度高的工作任务，对

图 2-67　仪表故障显示

接 1+X 职业技能等级证书"新能源汽车动力驱动电机电池技术（高级）"模块的能力要求和企业岗位等级的考核要求。

【建议学时】

6 课时

【学习内容】

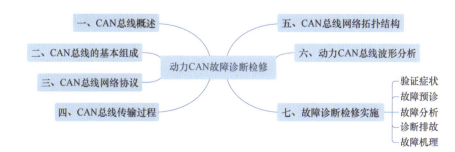

【学习目标】

知识目标：

1. 能说出新能源汽车动力 CAN 总线系统的作用、组成、类型和特点。

2. 能说出新能源汽车动力 CAN 总线系统的工作原理【难点】。

能力目标：

1. 能对新能源汽车进行确认故障现象。

2. 能分析新能源汽车不上电的故障原因【难点】。

3. 能画出新能源汽车 CAN 总线拓扑结构图。

4. 能根据维修手册，运用专用工具和检测设备，按照流程规范拆装，诊断排除动力 CAN 总线系统故障【重点】。

素养目标：

1. 通过小组合作锻炼学生团队合作能力。

2. 能够按照企业 5S 要求和安全生产规范进行操作【重点】。

3. 通过完成工作任务培养学生严谨的工作作风和精益求精的工匠精神【难点】。

【知识准备】

> **知识小链接：**
>
> 根据客户王先生比亚迪 e5 纯电动汽车的故障现象，要求维修技师认真、严谨、规范地完成故障诊断与排除任务，弘扬爱岗敬业、精益求精的工匠精神。
>
> 敬业是从业者基于对职业的敬畏和热爱而产生的一种全身心投入的认真、尽职尽责的职业精神状态。敬业是中国人的传统美德，也是当今社会主义核心价值观的基本要求之一。精益就是精益求精，是从业者对每件产品、每道工序都凝神聚力、精益求精、追求极致的职业品质。专注就是内心笃定而着眼于细节的耐心、执着、坚持的精神，这是"大国工匠"所必须具备的精神特质。"工匠精神"还包括追求突破、追求革新的创新内蕴。
>
> 工匠精神是一种职业精神，它是职业道德、职业能力、职业品质的体现，是汽车维修从业者的一种职业价值取向和行为表现。

一、CAN 总线概述

> **思考：**何谓 CAN 总线？有何作用、特征呢？

1. 概述

随着汽车机电一体化程度不断增加，车载 ECU 的数量越来越多，控制过程也更加复杂，使用单一的电控系统已经无法满足对汽车的综合控制，而传统的数据传输系统会导致汽车电路过于复杂，增加汽车制造成本，在今后的使用和维修中会带来很多不便。车载网络系统可以有效降低汽车生产成本，提高车辆的安全性和可靠性，能够很好地解决上述问题。车载网络系统在数据传输方式、拓扑技术等方面与计算机网络系统类似，但是需要采用特殊的数据传输协议，模块之间使用特定的标准协议进行通信。

2. 主要特征

CAN 是控制单元区域网络（Controller Area Network）的缩写，意思是控制单元之间通过网络交换数据。高速 CAN 总线（动力总线）具有以下特征：

1）传输速率：500kbit/s。

2）传递 1bit 所需时间：0.002ms（平均一个信息约需 0.2ms）。

3）无数据传输时的基础电压值约为 2.5V。

4）线色：CAN-H＝橙黑　CAN-L＝橙棕。

5）线径：0.35mm^2。

6）不支持单线工作模式。

7）双绞线，两条数据线相互缠绕，防止电磁波干扰和向外辐射。

低速 CAN 总线（舒适总线）具有以下特征：

1）传输速率：100kbit/s。

2）传递 1bit 所需时间：0.010ms（平均一个信息约需 1.1ms）。

3）无数据传输时的基础电压值为：CAN-H＝0　CAN-L＝5V。

4）线色：CAN-H＝橙绿　CAN-L＝橙棕。

5）线径：0.35mm^2。

6）支持单线工作模式。

7）双绞线，两条数据线相互缠绕，防止电磁波干扰和向外辐射。

CAN 是 ISO 国际标准化的串行通信协议。在汽车产业中，出于对安全性、舒适性、方便性、低功耗、低成本的要求，各种电子控制系统被开发了出来。由于这些系统之间通信所用的数据类型及对可靠性的要求不尽相同，由多条总线构成的情况很多，线束的数量也随之增加。为适应"减少线束的数量""通过多个 LAN，进行大量数据的高速通信"的需要，1986 年，德国博世公司开发出面向汽车的 CAN 通信协议。此后，CAN 通过 ISO 11898 及 ISO 11519 进行了标准化，在欧洲已是汽车网络的标准协议。

CAN 的高性能和可靠性已被认可，并被广泛地应用于工业自动化、船舶、医疗设备和工业设备等方面。现场总线是当今自动化领域技术发展的热点之一，被誉为自动化领域的计算机局域网。它的出现为分布式控制系统实现各节点之间实时、可靠的数据通信提供了强有力的技术支持。

二、CAN 总线的基本组成

车载网络主要用于各个 ECU 之间的信息传输共享，在系统发生故障时能够对故障信息进行存储，除此以外还要有系统休眠和唤醒等功能。以目前应用最为广泛的 CAN 网络为例，一个完整的车载网络应包括控制单元、数据传输线缆、网关和终端电阻等部分，如图 2-68 所示。

1. 控制单元

单个控制单元主要用来接收本系统内的传感器发出的信号，信号经过运算处理后，控制单元依此发出指令以控制执行器的动作。此外，各个控制单元之间可以通过专用的接口和网线进行数据传输和共享。一个完整的控制单元包含控制器和收发器两个主要部分。其中，控制器主要对各种信息和数据进行运算，将这些数据汇集在一个总线信息帧内并为信号的进一步传输做好准备。收发器主要用来接收来自网络的信息，并根据网络协议进行数据前期处理，当内部控制器对信息处理完成后，再通过收发器将信息发送至网络总线上。图 2-69 所示为控制单元内部电路板，图 2-70

课堂笔记

所示为其信息处理过程。

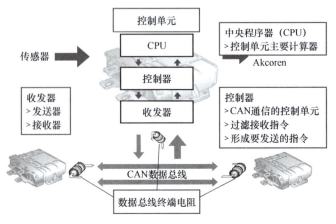

图 2-68　CAN 总线的基本组成

图 2-69　控制单元内部电路板

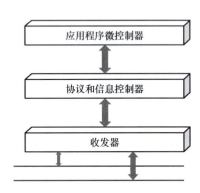

图 2-70　信息处理过程

2. 数据传输线缆

　　根据采用的网络结构不同，目前使用的网络线缆有单线式、双绞线和光学线缆等。单线式网线主要用于 LIN 和 Class2 等低速网络中，此种导线传输速率低，无须进行屏蔽。CAN 网络主要采用双绞线，两条数据线相互缠绕，防止电磁波干扰和向外辐射，如图 2-71 所示。

图 2-71　双绞线

3. 网关

　　由于在全车网络中要使用不同的子网络，这些子网络使用的协议和传输速率等均不同，因此需要网关对这些信息进行重新的解码和编译，并将所需的信息传递给其他系统，如图 2-72 所示。网关所起的作用类似于翻译，可以使讲不同语言的人之间进行交流。除此功能以外，网关还具有休眠及唤醒功能，比如打开车门时，发动机的控制系统也应被激活，对各控制单元的故障进行诊断和存储等功能。由于不同区域车载网络的速率和识别代号不同，因此，一个信号要从一个车载网络进入另一个车载网络区域，必须把它的识别信号和速率进行改变，能够让另一个数据总线系

课堂笔记

统接收，这个任务由网关（Gateway）来完成。

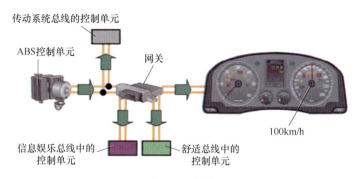

图 2-72　网关

4. 终端电阻

除光纤使用光电信号外，其余的网络系统均使用电压信号进行数据传输。因此，在导线的端部会产生反向信号，这些信号与导线上的正常信号进行叠加造成信号失真，为此需要在数据导线端部设置终端电阻来吸收这些信号能量。终端匹配电阻一般为120Ω，终端电阻不仅可以提高抗干扰能力，确保总线快速进入隐形状态，另外，也可以提高信号质量。图 2-73 所示为使用双线的网络中终端电阻的布置形式。

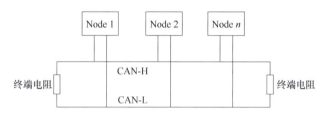

图 2-73　使用双线的网络中终端电阻的布置形式

> **注意：** 电阻测量过程中，应先断开车辆蓄电池的接线，约等待 5min，直到系统中所有的电容器放完电后再测量，因为控制单元内部电路的电阻是变化的。

三、CAN 总线网络协议

网络协议对数据传输过程中如何组织网络内的通信、如何确定信息的优先权、如何避免和排除总线冲突、总线信息格式等进行规定，是各个控制单元之间进行数据交换、运算的基础。下面就以 CAN 总线中的信息格式为例对上述问题进行介绍。

1. 显性比特和隐形比特

CAN 总线和 LIN 总线通过数据导线上电压的变化来传输信息。电压在低电平和高电平之间进行切换。高位状态和低位状态可以用数字 0 和 1 来表示。如图 2-74 所示，在信号传递过程中，用高电平表示数值 1，用低电平表示数值 0。通过高低电平的不同组合表示不同的信息和值。

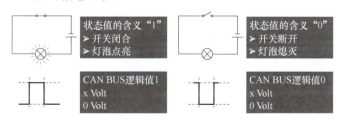

图 2-74　显性比特和隐形比特

课堂笔记

2. CAN 网络总线信息格式

图 2-75 所示为 CAN 网络中一个总线信息的基本结构，该信息中包含开始域和状态域、控制域、数据域、安全域、确认域、结束域等部分。

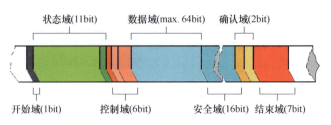

图 2-75　CAN 网络总线信息格式

1）开始域：将要向 CAN-BUS 发送信息的标志，使用一个比特，且始终处于低位启用状态（显性）。

2）状态域：包括信息标识符（11bit），确定信息的优先权，且数值越小，优先级别越高。

3）控制域（检查域）：表示数据的大小，即字节长度。

4）数据域：要传递的信息所对应的数据（max. 64bit = 8byte）。

5）安全域：发射数据和接收信息的控制单元检查和比较传递信息所发生的变化（检测传递数据中的错误）。

6）确认域：每个控制单元，通过这两位被确认已经正确接收信息，否则将重发数据。

7）结束域：通过 7 位隐性显示，表示该信息数据传递结束，这里是显示错误并重发送数据的最后一次机会。

3. 优先级的确定

在车载网络中 ECU 的数量多，因此要根据汽车的实际工作情况确定在某一个时刻各个信息的优先级，通过仲裁的方式避免总线信息冲突。由图 2-75 可以看出，状态域用来确认该段信息的优先级。控制单元通过比较同一时刻各信息状态域的数值大小来判断该信息的优先级，即所有控制单元同时开始向 CAN-BUS 发射信息时，为了避免数据冲突，在 12 位的状态域中预先定义数据的优先权，起始显性电位 0 越多（数值越小），说明其优先权级别越高。如图 2-76 所示，同一时刻总线在 ABS、发动机控制系统、自动变速器三个信号的比较中发现 ABS 给出的信号数值最小，因此确认其最优先，体现安全优先、动力其次的控制原则。

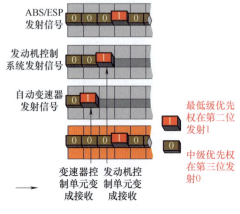

图 2-76　优先级的确定

当网络协议确定后，通过具体的程序可以实现车载网络中各个控制单元之间的数据传输，该网络就能够正常运行。

> **小知识：**
> 基于 CAN 总线本身的特点，其应用范围已不再局限于汽车行业，而向自动控制、航空航天、机械工业、纺织机械、农用机械、机器人、数控机床、医疗器械及传感器等领域发展。CAN 已经形成国际标准，并已被公认为最有前途的现场总线之一。其典型的应用协议有 SAE J1939/ISO11783、CANOpen、CANaerospace、DeviceNet、NMEA 2000 等。

四、CAN 总线传输过程

CAN 总线传输过程如下：

1）数据转化：控制单元通过控制器将数据转化为数字信息。

2）传递数据：CAN 收发器向总线上传递数字信息。

3）接收数据：与总线相连的控制单元均可以接收到来自同一个控制单元发送的信息。

4）检查数据：控制单元检查接收数据，CAN 构件的接收层判断该信息是否可用。如果该信息对本控制单元来说是有用的，则予以接收该信息；如果该信息对本控制单元来说是无用的，则可以拒绝接收。

5）接收数据：控制单元接收与本系统功能有关的数字信息并将其转化，忽略无关的信息。

五、CAN 总线网络拓扑结构

图 2-77 所示为比亚迪 e5 CAN 总线网络拓扑图，比亚迪 e5 CAN 总线网络主要包括启动网、舒适网、动力网、ESC 网和空调子网等。

19 款比亚迪 e5CAN 总线网络主要包括三个主网络和四个子网络。

1）动力网主要负责驱动和控制车辆，传输速率为 250kbit/s，包括档位控制器、组合仪表、电池管理器、电机控制器、充配电总成等模块，主要负责车辆行驶相关模块的信号控制。终端电阻分别在网关和电池管理模块内部，均为 120Ω 电阻。

2）ESC 网主要负责车身稳定性控制，侧重于车辆安全，属于高速 CAN，包括转向盘转角传感器、ABS/ESP、诊断接口、EPB 等模块，传输速率为 500kbit/s，其终端电阻分别在网关和 ABS 模块中，均为 120Ω 电阻。

3）舒适网主要负责传输车身各功能设备之间的通信，属于低速 CAN，传输速率为 125kbit/s，其终端电阻分别在网关和车身 BCM 模块中，均为 120Ω 电阻。

4）电池子网主要负责动力蓄电池内部温度、电压等信息的采集，传输速率为 125kbit/s，其终端电阻分别在电池管理器和 11 个采集器模块中。

5）充电网主要负责汽车充电过程中信息的通信，传输速率为 125kbit/s，其终端电阻分别在电池管理器模块中。

6）启动子网主要负责车辆启动的控制，属于低速 CAN，传输速率为 125kbit/s，其终端电阻分别在车身 BMC 和智能钥匙 I-KEY 模块中。

7）空调子网主要负责空调系统内部的通信。属于低速 CAN，传输速率为 125kbit/s，其终端电阻分别在网关和压缩机模块中。

本任务将重点介绍动力 CAN 总线部分的内容。

课堂笔记

课堂笔记

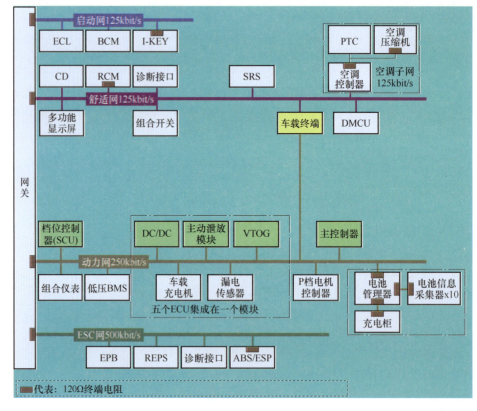

图 2-77　比亚迪 e5 CAN 总线网络拓扑图

　　使用网关的原因：由于电压电平和电阻配置不同，各种数据总线的传输速率是不同的，所以在不同类型的数据总线之间无法进行直接耦合连接。网关的主要任务是使两个功能和速度不同的网络系统之间能进行信息交换。

　　引导学生自主学习，激发学习兴趣，塑造职业道德，弘扬中华传统美德。

六、动力 CAN 总线波形分析

1. 正常波形分析

　　比亚迪 e5 动力 CAN 总线传输速率为 250kbit/s，用于档位控制器、组合仪表、电池管理器、电机控制器、充配电总成等模块之间的信息传递。其标准波形图如图 2-78 所示。CAN 总线空闲时电压为 2.5V，总线上有信号传输时，CAN-L 波形幅值在 1.5~2.5V 范围内高频波动，CAN-H 波形幅值在 2.5~3.5V 范围内高频波动。在显性状态时，CAN-H 为 3.5V，CAN-L 为 1.5V，隐性状态时，电压均为 2.5V。

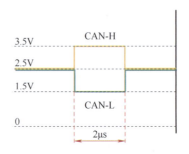

图 2-78　动力 CAN 总线标准波形图

2. 故障波形

（1）CAN-H 断路　CAN-H 断路故障波形图如图 2-79 所示。图 2-79 中，黄色线为 CAN-H，绿色线为 CAN-L，当 CAN-H 断路后，动力 CAN 系统将无法进行信号传递，导致无法工作。

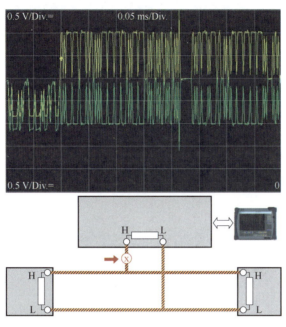

图 2-79　CAN-H 断路故障波形图

（2）CAN-L 断路　CAN-L 断路故障波形图如图 2-80 所示。图 2-80 中，黄色线为 CAN-H，绿色线为 CAN-L，当 CAN-L 断路后，动力 CAN 系统将无法进行信号传递，导致无法工作。

课堂笔记

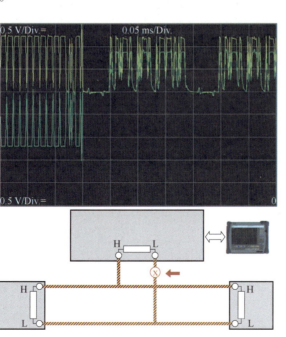

图 2-80　CAN-L 断路故障波形图

（3）CAN-H 电路串电阻　CAN-H 电路串电阻故障波形图如图 2-81 所示。图 2-81

中，黄色线为 CAN-H，绿色线为 CAN-L，当 CAN-H 电路串联电阻后，动力 CAN 系统将无法进行正常的信号传递，导致动力系统工作不正常。

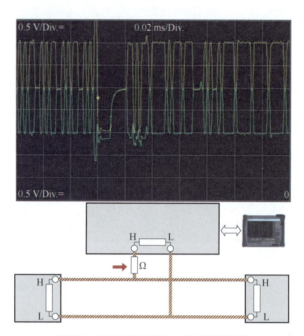

图 2-81　CAN-H 电路串电阻故障波形图

（4）CAN-L 电路串电阻　CAN-L 电路串电阻故障波形图如图 2-82 所示。图 2-82 中，黄色线为 CAN-H，绿色线为 CAN-L，当 CAN-L 电路串联电阻后，动力 CAN 系统将无法进行正常的信号传递，导致动力系统工作不正常。

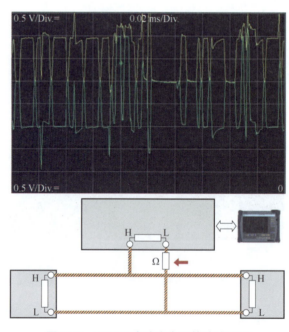

图 2-82　CAN-L 电路串电阻故障波形图

（5）CAN-H 与 CAN-L 电路反接　CAN-H 与 CAN-L 电路反接故障波形图如图 2-83 所示。图 2-83 中，黄色线为 CAN-H，绿色线为 CAN-L，当 CAN-H 与 CAN-L 电路反接后，导致波形属性相反，动力 CAN 系统将无法进行正常的信号传递，动力系统将无法工作。

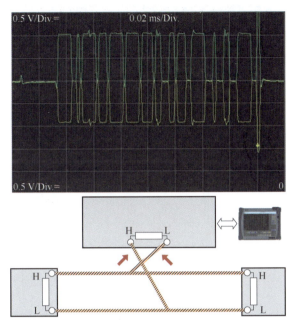

图 2-83 CAN-H 与 CAN-L 电路反接故障波形图

（6）CAN-H 与 CAN-L 电路之间短路　CAN-H 与 CAN-L 电路之间短路故障波形图如图 2-84 所示。图 2-84 中，黄色线为 CAN-H，绿色线为 CAN-L，当 CAN-H 与 CAN-L 电路之间短路后，动力 CAN 系统将无法进行正常的信号传递，导致动力系统无法工作。

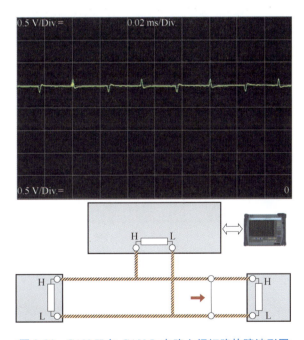

图 2-84　CAN-H 与 CAN-L 电路之间短路故障波形图

（7）CAN-H 对正极短路　CAN-H 对正极短路故障波形图如图 2-85 所示。图 2-85 中，黄色线为 CAN-H，绿色线为 CAN-L，当 CAN-H 对正极短路后，动力 CAN 系统将无法进行正常的信号传递，导致动力系统无法工作。CAN-L 对正极短路与其类似，此处不再讲解。

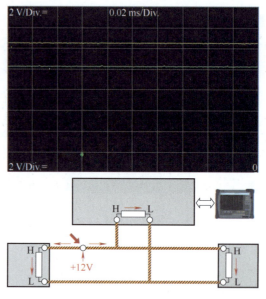

图 2-85　CAN-H 对正极短路故障波形图

（8）CAN-H 对负极短路　CAN-H 对负极短路故障波形图如图 2-86 所示。图 2-86 中，黄色线为 CAN-H，绿色线为 CAN-L，当 CAN-H 对负极短路后，动力 CAN 系统将无法进行正常的信号传递，导致动力系统无法工作。CAN-L 对负极短路与其类似，此处不再进行讲解。

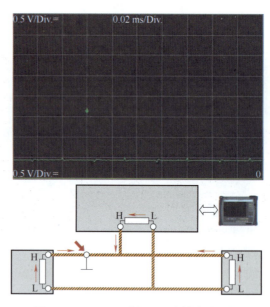

图 2-86　CAN-H 对负极短路故障波形图

小知识：
　　在对 CAN 总线进行故障诊断过程中，波形测量是很常用的一种检测方法，可以通过对波形特点的分析初步检测出故障的方向，为后续的检测起到指引作用。
　　培养学生不畏技术困难，努力钻研技术的品质，不断提出真正解决问题的新理念、新思路、新办法。

七、故障诊断检修实施

1. 验证症状

1）首先通过向车主问诊该车的故障症状，了解之前车辆是否出现过类似情况，车辆是否出现过事故，了解车主的驾驶习惯。在维修服务系统中调取该车的维修维护记录，调取出现故障时间段的数据。

2）采取故障再现的方法验证故障现象：操纵车辆，按下启动按钮，确认仪表是否可以显示上电正常，OK 灯是否正常点亮，仪表有无其他异常显示，检查换档档位是否正常，车辆是否可以行驶，故障现象是否再现。如果故障再现，分辨是否是真实存在的故障现象。

3）按下启动按钮上电，发现仪表"OK"灯未点亮，无法上电，车辆无法行驶；同时，仪表显示"请检查动力系统、电子驻车系统、请及时充电"等故障文本提示，且多个故障警告灯同时点亮，如图 2-67 所示。

2. 故障预诊

1）听取客户的诉求，问诊车辆情况，调取车辆维修记录了解车辆历史维修情况。

2）使用专用诊断仪，进入网关，读取车辆运行数据、故障码和数据流，登录维修系统查阅维修手册及维修技术报告，对故障码数据和数据流信息数据进行分析。故障码显示如图 2-87 所示。

图 2-87 故障码显示

3. 故障分析

根据车辆故障现象和仪表提示故障信息以及使用诊断仪读取的故障信息进行综合分析。

（1）故障产生的可能原因

1）CAN 网络通信电路存在故障，可能由于 CAN 网络电路存在短路、断路和虚接等故障导致 CAN 网络系统不能正常通信，从而导致该故障。

2）网关、动力系统、电子驻车、动力蓄电池等控制系统模块供电、搭铁等故障，可能由于某个或某几个模块的供电熔丝、搭铁点和电路等电源故障使模块无法正常工作，导致 CAN 网络系统通信异常。

3）网关、动力系统、电子驻车、动力蓄电池等控制模块自身故障。

以上均是造成 CAN 总线系统故障产生的可能原因，可能由于模块内部模块芯片或集成电路等存在物理故障导致 CAN 网络通信异常。

（2）动力 CAN 系统电路分析 根据 CAN 系统拓扑图和电路原理图，分析其控制原理和电路连接控制关系。在网络系统中，涉及启动网、动力网、舒适网、ESC 网等，这些网络分别与网关相连接。其中，动力 CAN 系统涉及的模块包括整车控制器、仪表、充配电总成、电池管理器、驱动电机控制器和换档机构等。这些模块通过动力 CAN 与网关连接。影响每个网络和每个模块通信是否正常的因素包括模块本身是否正常、模块供电是否正常、网络连接是否正常等。依据仪表故障文本或故障灯提示、故障现象和故障码等信息，初步判断为 CAN 网络故障。

（3）故障产生的范围 CAN 网络系统故障一般分为以下三类：

1）电源故障。汽车各控制模块的工作电压一般为 10.5～15.0V，如果汽车电源系统提供的工作电压不正常，就会使某些电控模块无法正常工作，这会引起整个汽车 CAN 总线系统出现通信故障。

2）链路故障。当出现通信电路的短路、断路或电路物理性质变化引起通信信号衰减或失真，都会导致多个 ECU 工作不正常，使 CAN 总线系统通信异常。

3）节点故障。节点是汽车 CAN 总线系统中的电控模块，因此，节点故障就是电控模块的故障。它包括软件故障，即传输协议或软件程序有缺陷或冲突，从而使汽车 CAN 总线系统通信出现混乱或无法工作，这种故障一般会成批出现；硬件故障一般是电控模块芯片或集成电路故障，造成汽车 CAN 总线系统无法正常工作，如图 2-88 所示。

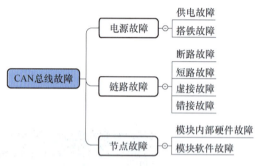

图 2-88　CAN 总线故障类型

4. 诊断排故

（1）诊断分析　使用诊断仪检查各模块通信情况，读取故障码或数据流，根据测量结果确定故障方向和故障范围。根据比亚迪 e5 CAN 总线网络拓扑图（图 2-77），举例如下：

1）用诊断仪进行诊断时，可以进入网关模块，故障为"动力 CAN 总线通信故障"。分别进入动力 CAN 各个模块，均显示无法通信，其他系统通信正常，说明动力 CAN 系统存在故障。

2）诊断仪进行诊断时，可以进入网关模块，故障为"舒适 CAN 总线通信故障"。分别进入舒适 CAN 各个模块，均显示无法通信，其他系统通信正常，说明舒适 CAN 系统存在故障。

3）用同样方法，可以分别确认空调子网和 ESC 网故障。

4）用诊断仪进行诊断时，如果与网关无法通信，则说明诊断 CAN 总线、网关模块和网关模块电源存在故障。如果网关控制器无法通信，则应进一步测量网关控制器的供电和搭铁。

通过以上初步诊断，可以大致判断是哪组 CAN 总线存在故障，为后续的诊断检测指明方向。

（2）诊断流程　CAN 总线诊断流程图如图 2-89 所示：对于 CAN 总线故障，除了根据车辆自身的故障现象、仪表提示信息进行初步确认外，还可以利用诊断仪读取故障码或数据流进一步明确 CAN 总线故障。如果想具体诊断 CAN 总线系统存在的故障点和故障类型，则还需要使用万用表测量其电压和电阻，使用示波器测量CAN 总线信号波形等方式进一步确定故障点。

1）电压测量。是指对某个控制模块的供电和搭铁进行测量，或对 CAN-H、CAN-L 的电压进行测量，通过测量结果分析其工作电压是否正常。

2）电阻测量。是指对 CAN 总线系统的终端电阻进行测量，通过测量结果分析其电阻是否符合厂家标准。

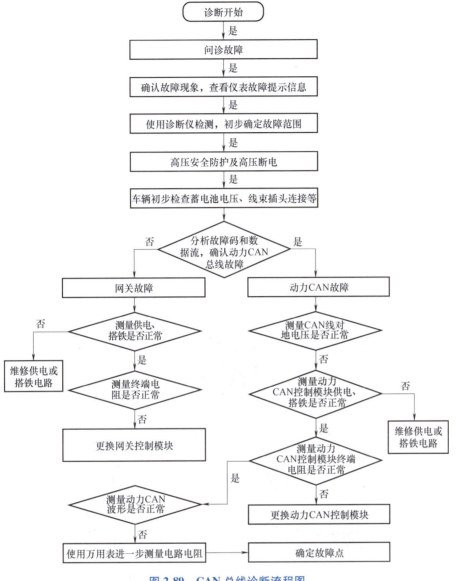

图 2-89   CAN 总线诊断流程图

3）波形测量。是指使用示波器对 CAN-H、CAN-L 信号波形进行测量，通过分析波形确定故障方向。

（3）故障诊断

1）使用万用表测量 CAN 总线电压信号，动力 CAN 总线可以采用数字式万用表进行电压信号测试，初步判断数据总线的信号传输是否存在故障。CAN-H 对地电压测量值约 2.5~3.5V，CAN-L 对地电压测量值为 1.5~2.5V。

以比亚迪 e5 为例，测量电机控制器 B28/9 对地的电压值约为 2.6V，B28/14 对地的电压值约为 2.3V。电机控制器电路图如图 2-90 所示。

2）使用万用表测量终端电阻，检测 CAN-L 和 CAN-H 之间的终端电阻情况，在检测前先断开蓄电池负极电源 5min，检测动力网 CAN-L 和 CAN-H 之间的电阻为 60Ω。当拔下带有终端电阻的模块插头后，单独测量模块内部的终端电阻为 120Ω。例如，根据比亚迪 e5CAN 总线网络拓扑图（图 2-77），在动力网中，网关和电池管理器中存在终端电阻，分别为 120Ω；在 ESC 网中，网关和 ABS/ESP 模块内部存在终端电阻，分别为 120Ω，如图 2-91 所示。

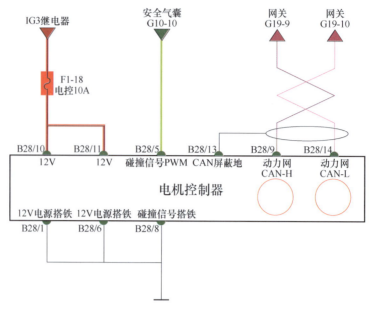

图 2-90　电机控制器电路图

图 2-91　测量终端电阻

> **提示：**
>
> 　　学生以小组为单位进行测量，培养学生团队合作、敬业奉献、服务社会的精神；要求学生认真、严谨、规范地进行操作，培养学生热爱劳动、尊重劳动、敬业奉献的劳动精神。

　　3）使用示波器测量 CAN 总线波形，使用示波器双通道对 CAN-H 和 CAN-L 进行波形测量。例如，测量比亚迪 e5 动力网的波形时，可以测量网关控制器的 G19/9 号端子及 G19/10 号端子对地波形，波形显示正常，说明 CAN 总线工作正常，否则应进行进一步诊断。动力 CAN 正常波形图如图 2-92 所示。

　　（4）故障排除和竣工检查

　　1）故障排除。对 CAN 线故障是否进行了维修，附件是否正确复位。重新使用诊断系统，再次确认故障是否已经排除。

　　2）竣工检查。检查车辆状态，确认故障是否排除，故障指示灯是否熄灭，车辆能否正常行驶，对车辆和场地进行 6S 管理。

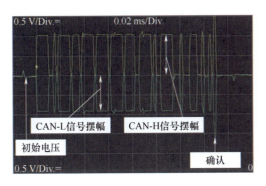

图 2-92 动力 CAN 正常波形图

5. 故障机理

CAN 总线网络系统故障包括电源故障、链路故障和节点故障三种。当 CAN 总线网络系统内某个模块出现硬件或软件故障，或模块的供电、搭铁出现故障，或当 CAN 总线电路出现短路、断路和虚接等故障时，控制模块将不能正常工作或 CAN 总线通信异常，从而导致某个模块无法通信或多个模块之间无法通信，甚至通信错误，致使产生网络系统故障。

课堂笔记

项目三
新能源汽车充电异常故障诊断检修

03

任 务 交流充电故障诊断检修

【工作任务】

故障案例：张先生反映他的比亚迪 e5 电动汽车可正常上电，仪表显示正常，使用运行正常的充电桩给车辆充电，插上交流充电枪，仪表无任何充电连接显示，无法正常交流充电。经维修技师诊断，解决了两个故障点，分别为仪表充电连接指示灯未点亮故障和充电连接指示灯已点亮但仍未能充电故障。如果此任务交给你，现需要你遵照企业岗位规范的要求完成此交流充电系统诊断与检修任务，并通过数据的分析与检测，找出故障点，解决故障，使车辆可正常进行交流充电。

本任务为"交流充电故障诊断检修"，以比亚迪电动汽车为例，该案例来源于《电动汽车维修故障案例库》，属于高频工作任务，对接 1+X 职业技能等级证书"新能源汽车动力驱动电机电池技术（高级）"模块的能力要求和企业岗位等级的考核要求。

【建议学时】

6 课时

【学习内容】

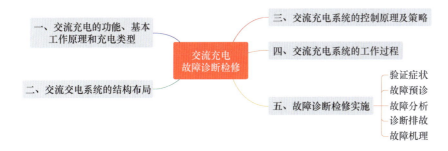

【学习目标】

知识目标：

1. 能绘制电动汽车交流充电系统的结构布局。
2. 能解释电动汽车交流充电控制原理及策略【难点】。
3. 能说出电动汽车交流充电故障诊断检修流程和分析方法【重点】。
4. 能写出电动汽车交流充电系统故障诊断机理。

课堂笔记

能力目标：

1. 能使用诊断仪进行故障信息的读取，确认交流充电系统故障现象。

2. 能根据交流充电控制原理及策略，借助诊断仪和维修手册等，分析交流充电系统故障产生的可能原因【难点】。

3. 能根据故障原因，制订交流充电系统故障检修方案。

4. 能根据检修方案，依据厂家技术标准，正确使用专用工具诊断与排除交流充电系统故障，提高故障诊断逻辑思维能力【重点】。

素养目标：

1. 通过读取故障码和数据流、查阅维修手册等资料，具备信息检索和数据分析的能力。

2. 通过分组讨论分析故障原因和制订检修交流充电系统故障方案，具备团队合作能力、分析问题和解决问题的能力，提高逻辑思维能力。

3. 通过对交流充电系统故障检测，具备牢固的安全和责任意识，做到持证上岗，严格遵照企业高压安全操作的注意事项进行操作。

4. 通过为客户诊断与排除交流充电系统故障，具备精益求精的工作作风和严谨求实的劳动态度，在检修工作中坚守岗位，对客户负责，增强职业荣誉感。

【知识准备】

新一轮科技革命和产业变革推动汽车产业加速电动化、智能化、网联化、共享化转型。新能源汽车的发展，离不开充电设施的发展。充电设施的技术创新是新能源汽车和新能源革命的核心技术。

一、交流充电的功能、基本工作原理和充电类型

作为以电能为动力的电动汽车，充电系统是新能源汽车主要的能源补给系统，分为交流充电（俗称为慢充）和直流充电（俗称为快充）两种方式。交流充电使用交流 220V 单相民用电，交流充电桩加小功率车载充电机，通过整流变换，将交流电变换为高压直流电给动力蓄电池进行供电，时间长。直流充电一般使用工业 380V 三相电，通过功率变换后，将高压大电流通过母线直接给动力蓄电池进行充电，时间短，使用大功率非车载直流充电机。

1. 交流充电的功能

交流充电的功能是指整车插上交流充电枪通过车载充电机给动力蓄电池充电的功能。

2. 交流充电的基本工作原理

如图 3-1 所示，通过家用插头和随车充电枪/交流充电桩接入车辆交流充电口，车辆通过车载充电机/集成分线盒，将家用 220V 交流电转为直流高压电给动力蓄电池充电。

图 3-1　交流充电系统的基本工作原理

3. 交流充电的类型

车辆配备了多种充电模式，用户可以根据不同环境而选择最佳充电途径保障

用车便捷，表3-1为交流充电的类型、设备、时间和功率等参数。交流均为国标插口，能够兼容公共设施的交流充电桩；根据不同充电模式，充电时间在 8~30h 范围内。

表 3-1 交流充电的类型、设备、时间和功率等参数

充电类型	充电设备	充电时间	充电功率/kW	电路要求	备注
应急线充电	随车交流充电线	28~30h	1.8	220V 10A	随车赠送
慢充充电盒	家用便携式充电线/壁挂式交流充电盒	8~16h	3.3/6.6	220V 16A/32A	
充电站慢充	充电站——交流充电桩	8~16h	3.3/6.6	220V 16A/32A	

二、交流充电系统的结构布局

1. 比亚迪车型交流充电系统的结构布局

以比亚迪 e5（2019 款）电动汽车为例，充配电总成（VTOG）布置在车辆前舱上部，如图 3-2 所示。

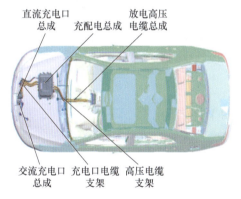

图 3-2 比亚迪车型交流充电系统的结构布局

2. 特斯拉车型交流充电系统的结构布局

以特斯拉电动汽车 Model S 为例，如图 3-3 所示，主充电器和副充电器（可选）均布置在车辆前舱上部，作用是将交流电转换成直流电。工业术语是车载充电机或者 OBC，特斯拉称为 "Charger"。Model S 可以选装双充电器，即主充电器和副充电器，主副充电器并联接到交流电路和电池总线处，可以产生最大两倍的交流电充电电流，被称为 "Twin" 或者 "Dual" 充电器。特斯拉在超级充电或直流充电时不会使用充电器，其有两代充电器，一代充电器只能单相交流充电，二代充电器既支持单相充电，又支持三相充电。

3. 交流充电系统的结构部件

交流充电系统的主要部件包括供电设备、充电枪、交流充电口、慢充线束、高压控制盒与车载充电机（目前大多数车型为集成式）、高压线束、动力蓄电池和低压控制线束等，如图 3-4 所示。

（1）供电设备 交流系统的供电设备主要有交流充电桩-充电线、家用便携式充电线（又称为充电宝）、直接供电等形式，因直接供电无安全保护装置，所以一般不采用。交流充电桩-充电线分为 16A 和 32A 两种。

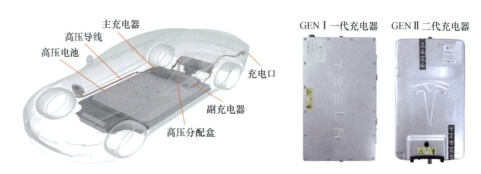

图3-3　特斯拉交流充电系统的结构布局

图3-4　交流充电系统的结构部件

> **注意：** 家用电源插座负荷必须达到16A并带有搭铁功能。

（2）充电枪　不同功率的交流充电装置对动力蓄电池充满的时间有所不同，正常情况下，功率越大充电越快，因为其输出的充电电流大小不一样，见表3-1。例如，2017款的比亚迪e5电池总电压为633.6V，容量为75A·h，其动力蓄电池的能量为47.5kW·h，如果用40kW的充电装置对其充电则1h左右可充满，用7kW的充电装置对其充电要6~7h可充满，用3.3kW的充电装置要15h左右可充满，用2kW的充电装置要24h左右可充满。

（3）交流充电口　比亚迪车型充电口总成在中央格栅的后面，在驾驶舱中拉开充电口盖拉锁，拉开中央格栅盖板，即可看到交流充电口和直流充电口，如图3-5所示。

特斯拉Model 3的充电口位于左后翼子板的尾灯侧。可通过中控屏幕上的开关打开，也可以通过轻轻触摸充电口盖的底部打开。快充和慢充接口都集成在盖板下方，交流充电口具有防盗拔出功能。交流充电口上方的圆点就是防盗的机械机构，启动时会向外伸出，这样就能顶住慢充枪头上的解锁键，使枪头无法拔出，如图3-6所示。

交流充电口均采用国家标准统一的七星孔，其中：

N、L：交流单相供电线的相线和零线。

PE：地线，搭铁保护端子，车端接车身。

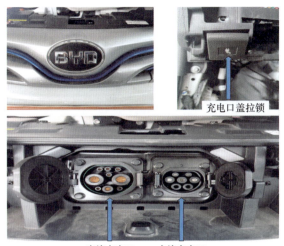

充电口盖拉锁

直流充电口   交流充电口

图 3-5   比亚迪 e5 的充电口总成

图 3-6   特斯拉 Model 3 的充电口

CC：充电连接，是地面充电设备和车端连接的检测线，它由车载充电机输出的 5V 或者 12V 的充电检测电压（依据车型不同，数值有区别）。

CP：控制确认线，通过 PWM 波表示充电设备能够提供的最大功率，由充电设备输出 12V 的检测电压（国标统一标准）。

NC_1、NC_2：备用供电端子；三相交流充电口与单相交流充电口的区别主要在于 NC_1 和 NC_2，单相交流充电口 NC_1 和 NC_2 是预留的空脚。单相交流充电主要是采用单相 220V 作为电源的充电设备，三相交流充电主要是采用三相 380V 作为电源的充电设备。

（4）交流慢充线束   交流慢充线束是指连接交流充电口与车载充电机之间的线束，其作用为将交流充电桩输入的 220V 交流电输送到车载充电机。交流慢充线束的一端接车载充电机，另一端接车端交流充电口。

（5）车载充电机   车载充电机的作用是将输入的 220V 交流电转换为动力蓄电池所需的 290~410V 高压直流电，实现动力蓄电池电量的补给，工作过程中需要协调充电桩和 BMS 等部件。车载充电机有风冷和水冷两种冷却形式，相对于传统工业电源，车载充电机具有效率高、体积小、耐受恶劣工作环境等特点。

课堂笔记

车载充电机低压部分包含：

1）12V 模块供电。供充电过程中 BMS、VCU、仪表等用电。

2）CAN 通信。BMS 通过 CAN 通信控制车载充电机工作状态。

3）充电口相关低压部分。CC：检测充电线可耐受的电流；CP：受电网控制充电机最大功率。

4）DC/DC 变换器低压部分。通过使能控制 DC/DC 变换器开关机，12V 主正、主负接触器提供整车低压系统用电。

三、交流充电系统的控制原理及策略

1. 交流充电系统的基本流程

如图 3-7 所示，比亚迪 e5 交流充电桩、壁挂式充电盒以及家用便携式充电枪提供的交流电，经过充电线到交流充电口，再通过慢充线束到高压电控总成中的车载充电机，进行整流、滤波、升压，转换为 650V 高压直流电，再通过高压控制盒连接到动力蓄电池。同时，车载充电机给信号唤醒 BMS，BMS 控制相对应的接触器闭合，转换好的直流高压电给动力蓄电池充电。

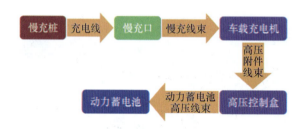

图 3-7　交流充电系统的基本流程

2. 交流充电系统的充电原理

电动汽车和充电基础设施达到互联互通就需要有统一的充电口和通信协议。在 GB/T 18487.1—2015《电动汽车传导充电系统 第 1 部分：通用要求》、GB/T 20234.1—2023《电动汽车传导充电用连接装置 第 1 部分：通用要求》、GB/T 20234.2—2015《电动汽车传导充电用连接装置 第 2 部分：交流充电接口》等国家标准中规定了充电的通用要求、通信方式、防护标准、电动汽车与设备之间的连接，以及车辆接口、供电接口的特殊要求，供电设备结构和性能要求等。主机厂在设计电动汽车时都要遵循。

（1）充电枪未插入状态　图 3-8 所示为交流充电系统的控制原理图，包括充电桩、供电接口、车辆接口和电动车四部分。其中，供电接口为供电插座与桩端充电枪连接处，车辆接口为车端充电枪与车端插座连接处。该电路由供电控制装置，接触器 K_1 和 K_2，电阻 R_1、R_2、R_3、R_4、R_C，二极管 VD_1，开关 S_1、S_2、S_3、车载充电机和车辆控制装置组成。

充电桩中含有供电控制装备、漏电保护器、K_1 和 K_2 开关以及设备搭铁等，其中，供电控制装备通过 S_1 开关向 CP 线发出 12V 或 PWM 信号，并通过检测点 1 的电压值进行判断充电能力。通过检测点 4 的电压值来判断供电插座与桩端充电枪的连接状况。

图 3-8 所示为充电枪未插入状态，此时供电插口连接到充电桩，桩端供电控制装备通过 S_1 开关供给 CP 线束 12V 电，测量充电枪口 CP 对 PE 会测得 12V 电压值。车端车辆控制装备会输出信号，此时测得 CC 对 PE 有 5V 或 12V 电压。

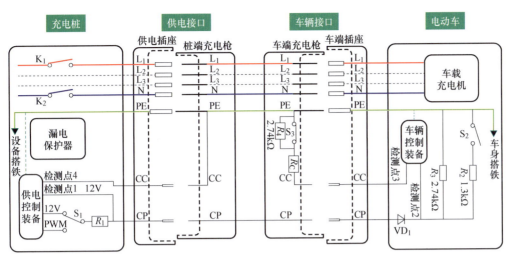

图 3-8　交流充电系统的控制原理图

（2）桩端充电枪插入，PE 触点接触　首先插入桩端充电枪，最先接触的是插头中最长的 PE 触点，如图 3-9 所示。

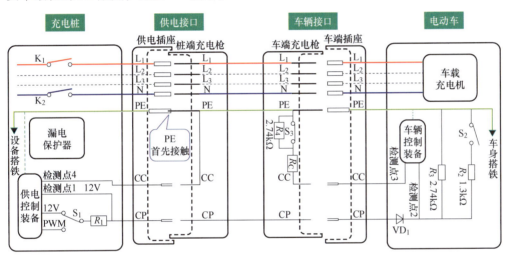

图 3-9　桩端充电枪插入，PE 触点接触

> 思考：插头中最长的为什么是 PE 触点？

> 小知识：为用电安全，接入电路前，先让用电器的外壳与大地相连，这样即使用电器漏电也不会造成触电事故。

（3）桩端充电枪插入，PE 触点接触后，L_1、L_2、L_3、N 触点同时连接　在既有高压插件又有低压插件的设备中，低压线束是控制线束，来控制高压上电下电的状态。断的时候先让控制断开，避免控制逻辑错乱、过电压产生拉弧。所以，断电先断控制线束，即先断开低压线束，再断开高压线束；在连接的时候，要先把高压连接好，然后再给控制，这是安全的步骤。所以，如图 3-10 所示，先 PE 接触，随后 L、N 同时连接，CC、CP 控制线再连接。

（4）桩端充电枪插入，PE、L_1、L_2、L_3、N 触点连接后，CC、CP 同时连接　如图 3-11 所示，供电控制装备、检测点 4、CC 与 PE 设备搭铁构成回路。通过检测点 4 的电压值即可判断供电插座与桩端充电枪的连接状况。桩端通过 CC 信号确认

课堂笔记

充电枪已连接，但是 CP 端仍是一个单独的供线。此时充电桩端充电枪连接完毕。

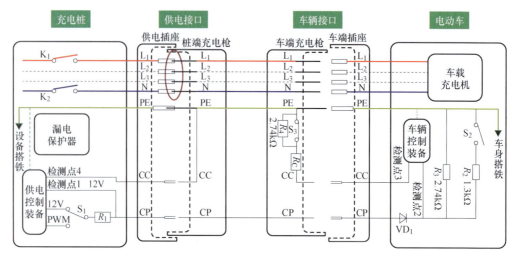

图 3-10　L₁、L₂、L₃、N 触点同时连接

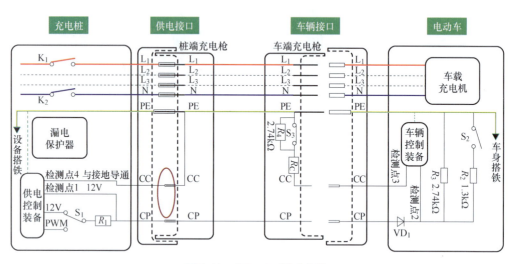

图 3-11　CC、CP 同时连接

（5）车端充电枪插入，PE 触点先接触　为用电安全，插入车端充电枪，最先接触的是插头中最长的 PE 触点，如图 3-12 所示。

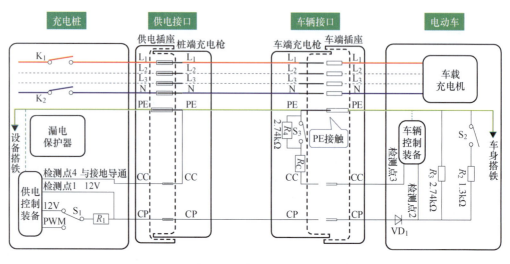

图 3-12　车端充电枪插入，PE 触点先接触

（6）车端充电枪插入，PE 触点接触后，L_1、L_2、L_3、N 触点同时连接 此时尽管桩端供电接口均已连接，但由于 K_1 和 K_2 开关还未闭合，充电桩还不能输出交流供电，如图 3-13 所示。

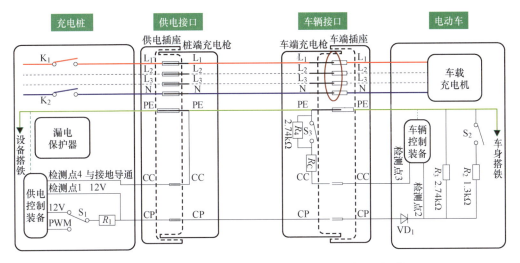

图 3-13 车端充电枪插入，L_1、L_2、L_3、N 触点同时连接

（7）车端充电枪插入，PE、L_1、L_2、L_3、N 触点连接后，CC、CP 同时连接 CC、CP 触点接触上时，车辆控制装备、车端 CC 线、S_3 开关与电阻 R_C、R_4、PE 构成回路。通过检测点 3 的电阻值来判断车端充电枪与车端插座的连接状况，如图 3-14 所示。

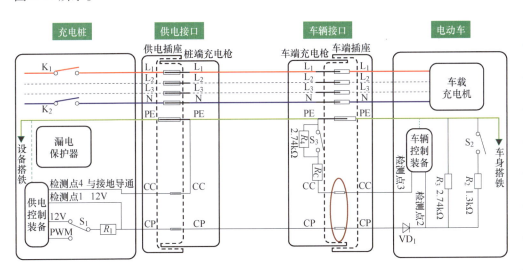

图 3-14 车端充电枪插入，CC、CP 同时连接

S_3 是车辆插头内的常闭开关，与插头上的下压按钮联动，用以触发机械锁止装置，在按下按钮的同时，S_3 处于断开状态。

按下充电枪上的按键，将充电枪插入车端，此时开关 S_3 打开，检测点 3 检测到 PE 搭铁间的电阻为 R_C+R_4 的阻值时，判断此时充电枪为半连接状态，如图 3-15 所示，检测点 3 将信号告知车辆控制装备。同时，通过检测点 3 与 PE 之间的电阻值来判断充电枪的额定电流/容量。

当车端充电枪完全插入插座后，车端充电枪解锁按键弹起，S_3 开关闭合。检测点 3 检测到 PE 搭铁之间的电阻为 R_C 阻值时，判断充电枪为连接状态，电子锁闭合，如图 3-16 所示。

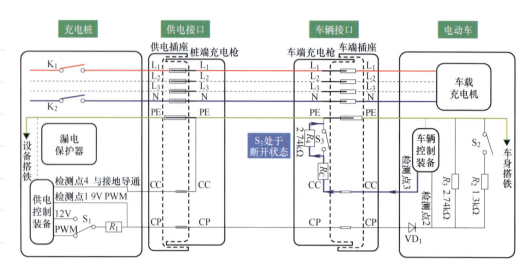

图 3-15　充电枪为半连接状态

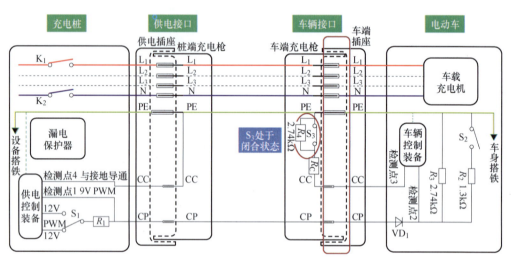

图 3-16　充电枪为连接状态

车端 CP 端子接触后，由于充电桩供电控制装备、CP 线、二极管 VD_1、电阻 R_3 与 PE 搭铁构成回路。12V 电压通过 S_1、R_1，依次到达检测点 1 和检测点 2，然后通过 R_3 搭铁构成回路，此时检测点 1 以及检测点 2 处的电压便不再是 12V，由于 $R_1 = 1000\Omega$，$R_3 = 3000\Omega$ 的分压，检测点的电压为 9V。检测点 1 的电压由 12V 变为 9V，充电桩检测到充电枪已连接，如图 3-17 所示。

（8）充电枪均已连接后，桩端发送 PWM 信号　当充电桩检测到充电枪已连接，检测到电压为 9V 后，充电桩供电控制装备将 S_1 开关从 12V 切换到 12V PWM 波信号端，检测点 1 的信号由 9V 直流电压信号变为 9V PWM 波信号，表示充电设备进行自检后，进入准备就绪状态，向车辆发送 PWM 波信号。当车端接收到了 PWM 占空比信号，表示桩端准备就绪，如图 3-18 所示。

> **小提示：**
> 检测点 1：用来识别车端供电需求；检测点 2：用于识别桩端供电能力，通过占空比信号确认当前充电桩的最大供电电流，见表 3-4。

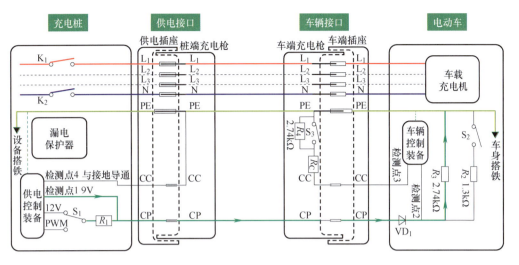

图 3-17 充电桩检测到充电枪已连接

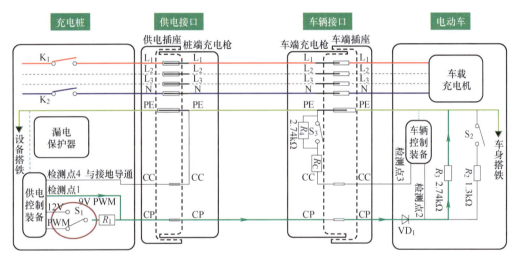

图 3-18 桩端发送 PWM 信号

（9）车端接收 PWM 信号后，完成自检，闭合 S_2 继电器，请求充电　车辆检测充电枪为连接状态后，且充电机无故障时，充电机会闭合 S_2 继电器，表示车辆准备就绪，请求充电。如图 3-19 所示，充电机闭合 S_2 继电器后，回路接入了 R_1（串联）、R_2 和 R_3（$R_2 = 1500\Omega$，R_2 和 R_3 并联电阻阻值为 1000Ω），充电桩端检测点 1 会从 9V PWM 波信号变为 6V PWM 波信号，充电桩检测到该信号确认车辆准备就绪，请求充电。

小提示：

S_2 闭合的条件：车辆接口与供电接口完全连接、配置有电子锁的接口被完全锁止，车载充电机自检测完成后无故障、电池要处于可充电状态。

（10）桩端确认车辆准备就绪后，闭合 K_1、K_2 继电器　当充电桩检测到 6V PWM 波信号后，确认车辆准备就绪、请求充电后，桩端会控制闭合 K_1、K_2 继电器，通过 L、N 线给车端车载充电机供电，如图 3-20 所示。

课堂笔记

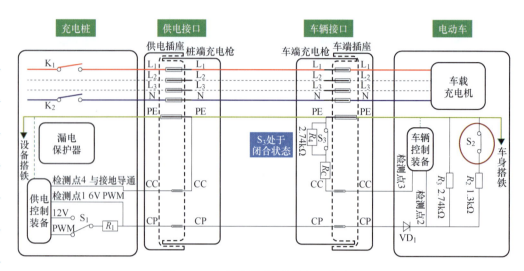

图 3-19 充电桩检测确认车辆准备就绪

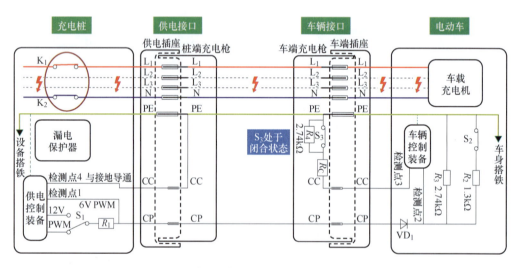

图 3-20 桩端闭合 K₁、K₂ 继电器，开始供电

3. 交流充电系统的控制策略

作为纯电动汽车的核心，动力蓄电池的充电过程由 BMS 进行控制与保护。车载充电机工作状态及指令均由 BMS 发出的指令进行控制，包括工作模式指令、动力蓄电池允许最大电压、充电允许最大电流、加热状态电流值。

（1）充电温度与充电电流的控制 为保证动力蓄电池的充电效率，需要考虑充电电池的温度，根据不同的温度，设定可充电电流。同时，为考虑动力蓄电池的使用寿命，根据不同类型单体电池的最大允许电压，需要相应地调整充电电流。以磷酸铁锂电池为例，充电温度和充电电流的控制见表 3-2。

表 3-2 充电温度和充电电流的控制

温度	小于 0℃	0~55℃	大于 55℃
可充电电流	0	10A	0
电压	当单体电池最高电压高于 3.6V 时，将充电电流降低到 5A		
	当单体电池电压达到 3.70V 时，将充电电流调整为 0，请求停止充电		

（2）充电时对动力蓄电池加热和充电状态的控制　在低温环境中，锂离子蓄电池的能量和功率特性会出现严重衰减。为提高动力蓄电池低温性能，当动力蓄电池的温度低于规定值时，不允许充电，就需要对其进行加热。

目前，对动力蓄电池采用 PTC 加热和液体加热的方式。

加热状态时，BMS 将闭合负极继电器和加热继电器，通过 PTC 给动力蓄电池包内的单体电池进行加热，此时 PTC 相当于一个电阻负载，充电机对负载直接供电，此时充电机不判断其输出端电压，即闭合继电器开始工作。

充电状态时，BMS 将闭合正极及负极继电器，车载充电机将先判断其输出端电压值，当检测到电压值满足充电后，充电机将闭合其输出端继电器，并开始工作。

（3）车载充电机工作模式的控制流程

1）车载充电机的基本工作流程。车载充电机通过 CAN 网络与 VCU、仪表控制模块（ICM）、BMS 和远程监控系统（RMS）进行通信，如图 3-21 所示。充电的信息首先由充电枪经由充电口唤醒车载充电机，车载充电机自检完成后通过 EV BUS 传递给 VCU，BMS 检测充电需求后，VCU 对车载充电机发送充电指令，同时，VCU 处理后将信息通过 CAN 线传递给 ICM 仪表进行显示。

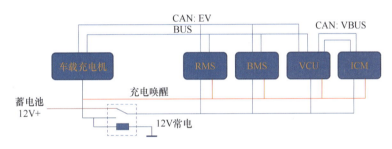

图 3-21　车载充电机通过 CAN 网络进行通信

车载充电机的基本工作流程如图 3-22 所示。

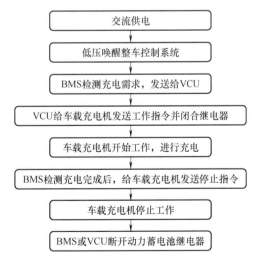

图 3-22　车载充电机的基本工作流程

2）车载充电机工作模式的控制流程。车载充电机工作模式的控制流程如图 3-23 所示。

课堂笔记

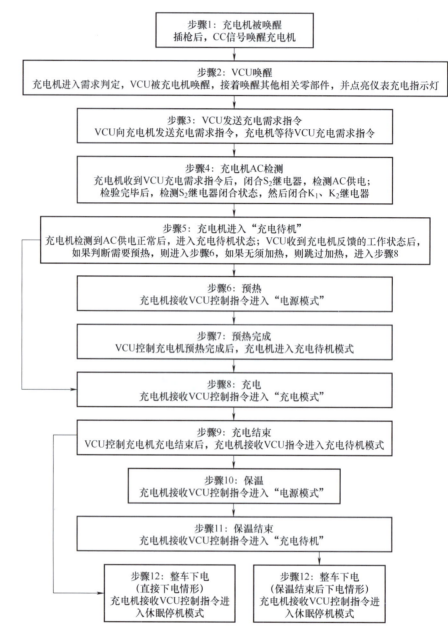

图 3-23　车载充电机工作模式的控制流程

四、交流充电系统的工作过程

交流充电系统的工作过程如图 3-24 所示，包括以下五个步骤：

（1）充电模式识别交流唤醒信号（车载充电机产生）　车辆插入交流充电枪后，通过 CC 信号唤醒车载充电机，车载充电机进入充电需求判定，向 VCU、BMS 发出连接确认信号和充电唤醒信号，同时，VCU 唤醒仪表。

（2）连接可靠性识别

1）检测点 1 或检测点 4：供电控制装置通过测量检测点 1 或检测点 4 的电压来判断供电插头和供电插座是否完全连接。完全连接后，如供电插座内配备有电子锁，供电插座内电子锁应在开始供电（K_1 与 K_2 闭合）前锁定供电插头并在整个充电流程中（状态 3）保持。

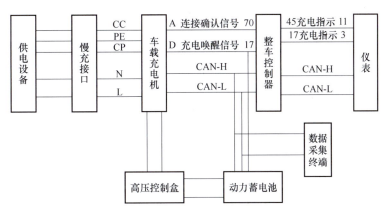

图 3-24 交流充电系统的工作过程

2）检测点 3：车辆控制装备通过测量检测点 3 与 PE 之间的电阻值来判断车辆插头与插座是否完全连接。完全连接后，仪表充电连接指示灯点亮。如车辆插座内配备有电子锁，电子锁应在开始供电（K_1 与 K_2 闭合）前锁定车辆插头，并在整个充电流程中（状态 3）保持。

（3）充电能力识别与校验　充电前需对充电连接装置载流能力和供电设备供电功率进行识别。车载充电机根据 CC 信号、CP 信号、BMS 允许充电功率、电子锁状态判断输出功率大小。车辆控制装备通过测量检测点 3 与 PE 之间的电阻值来确认当前充电连接装置（电缆）的充电电流/额定容量，见表 3-3。

表 3-3　充电连接装置（电缆）允许的充电电流

电阻	对应的充电电缆允许充电电流	备注
1.4~1.6kΩ	10A	随车充电盒
580~780Ω	16A	3.3kW 充电桩
180~260Ω	32A	7kW 充电桩
60~140Ω	63A	三相交流充电桩
2kΩ	放电功能	放电功率为 3.3kW

CP 信号用于识别充电功率。通过测量检测点 2 的 PWM 信号占空比，确认当前供电设备的最大供电电流。表 3-4 所示为充电设备产生的占空比与充电电流限值映射关系。$D=5\%$，5% 的占空比表示需要数字通信，且需在电能供应之前在充电桩和电动汽车间建立通信；当 D 为 10%~85% 时，$I_{max}=(D\times100)\times0.6$。

表 3-4　充电设备产生的占空比与充电电流限值映射关系

PWM	最大充电电流 I_{max}/A 或充电情况
$D<3\%$	不允许充电
$3\%\leq D\leq7\%$	5% 的占空比表示需要数字通信，且需在供电前在充电桩和电动车之间建立通信
$7\%<D<8\%$	不允许充电
$8\%\leq D<10\%$	$I_{max}=6$
$10\%\leq D\leq85\%$	$I_{max}=(D\times100)\times0.6$
$85\%<D\leq90\%$	$I_{max}=(D\times100-64)\times2.5$ 且 $I_{max}\leq63$
$90\%<D\leq97\%$	预留
$D>97\%$	不允许充电

课堂笔记

（4）充电过程的持续检测　BMS 向车载充电机发送充电指令，动力蓄电池管理模块控制动力蓄电池主正、主负接触器闭合，开始进行充电。充电过程中，车辆控制装备应对检测点 3 与 PE 之间的电阻值（对于连接方式 B 和连接方式 C）及检测点 2 的 PWM 信号占空比进行监测，供电控制装备应对检测点 4 及检测点 1（对于充电模式 3 的连接方式 A 和连接方式 B）的电压值进行监测。

（5）停止充电　BMS 检测到充电完成后，给车载充电机发送指令，车载充电机停止工作，动力蓄电池正、负继电器断开，充电结束。

五、故障诊断检修实施

1. 验证症状

1）听取客户的诉求，问诊车辆情况，调取车辆维修记录了解车辆历史情况。客户反馈：车辆可正常上电，仪表显示正常，使用运行正常的充电桩给车辆充电，插上交流充电枪，仪表无任何充电连接显示，无法正常交流充电，如图 3-25 所示。

图 3-25　插上交流充电枪，仪表显示

2）踩下制动踏板，打开启动开关，观察仪表显示，确认车辆是否正常上电，有无异常指示。

3）确保充电桩状态良好，符合相关国家标准，与各款电动车进行过调试并通过。确认充电桩提供工作电压范围为 187~253V。

4）连接好充电线后，查看仪表连接指示灯状态，验证故障现象。

2. 故障预诊

1）使用专用诊断仪，登录平台，读取车辆故障码和数据流，如图 3-26 所示，对故障码数据和数据流信息数据分析。查阅维修手册及维修技术报告，对异常数据进行分析。

图 3-26　诊断仪故障码和数据流

2）做好高压安全防护和按照规范流程对车辆进行高压断电。

3）检查充电枪和充电口的各连接端子无烧蚀和损坏现象，如图 3-27 所示。

4）检查车端充电枪解除锁止按钮是否卡滞，能否完全复位，如图 3-28 所示。

图 3-27　检查充电枪和充电口端子

图 3-28　检查充电枪解除锁止按钮

5）检查充电电路/插接器外观及连接情况以及零件安装情况，如图 3-29 所示。

图 3-29　检查充电电路等外观及连接情况

3. 故障分析

（1）故障产生的可能原因　查看 VTOG 控制系统电路如图 3-30 所示，此电路包括常电、动力网 CAN-H 和 CAN-L、连接至交流充电口的充电连接确认 CC 和充电控制导引 CP 以及充电口温度检测线、连接至 BMS 的充电连接信号线、交流高压互锁输入和输出线、搭铁 Eb11 以及其他直流充电信号线。

1）B74/1 和 B74/2 为 VTOG 的电源输入端，为常电。电路电流从常电→F1/6（10A）熔丝→B44/7→B74/1 和 B74/2，电路异常时将导致 VTOG 无供电电源。

2）动力网 CAN-H 从 B74/16→GJB04/19→G19/9 网关；CAN-L 从 B74/17→GJB04/18→G19/10 网关，当动力网 CAN 总线异常时，无法读取 VTOG 信息。由诊断仪读取 VTOG 信息可知，VTOG 常电和动力网 CAN 总线正常。

3）B74/4→B53（B）/2 交流充电口为充电连接确认 CC 电路，当 CC 电路异常时，导致充电连接无法确认，仪表充电连接指示灯无法点亮，车辆无法交流充电。

4）B74/5→B53（B）/1 交流充电口为充电控制导引 CP 电路，当 CP 电路异常时，导致车辆无法接收到 PWM 占空比信号，车辆无法交流充电。

5）B74/7→B53（B）/7 交流充电口为充电口温度检测电路，当此电路异常时，首先读取数据流分析充电口温度，电路异常可能会导致充电功率异常。

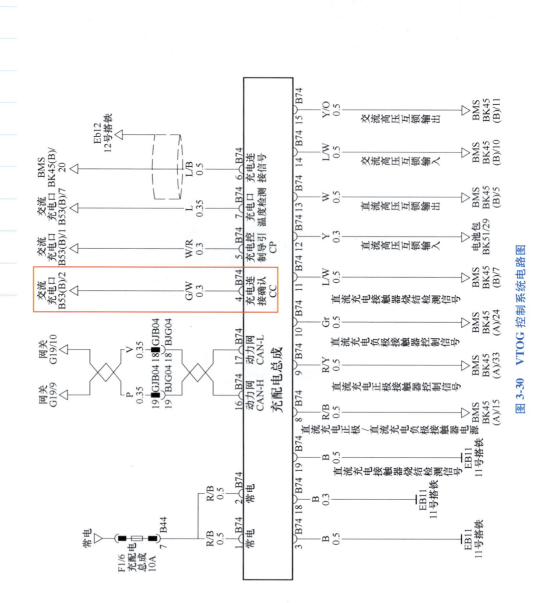

图 3-30　VTOG 控制系统电路图

6）B74/6→BMS BK45（B）/20 为充电连接信号电路，当此电路异常时，导致 BMS 未接收到 VTOG 发送来的充电连接信号，无法被唤醒。BMS 只有在检测 VTOG 发送的充电连接信号之后被唤醒，然后控制分压接触器、主正接触器、主负接触器、预充接触器、交流充电接触器工作，实现外部电源对车辆的交流充电。

7）B74/14→BMS BK45（B）/10 和 B74/15→BMS BK45（B）/11 为交流互锁控制电路，B74/14 为高压互锁输出端、B74/15 为高压互锁输入端，高压互锁系统正常时两端电压均为 5V，为数字信号（占空比控制）。当电路异常时，高压互锁异常，导致高压无法上电，车辆行驶异常。

8）B74/3→EB11/9 为 VTOG 搭铁，当该电路异常时，会导致 VTOG 无法正常工作和通信。

9）B74 插接器所在实车位置如图 3-31 所示。B74/4 和 B53（B）端子如图 3-32 所示。

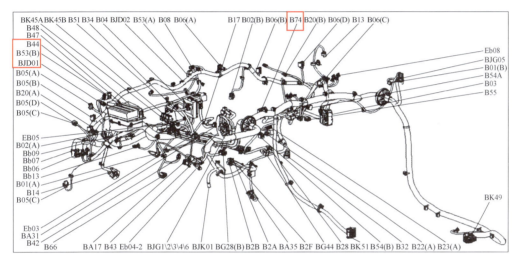

图 3-31　B74 插接器所在实车位置

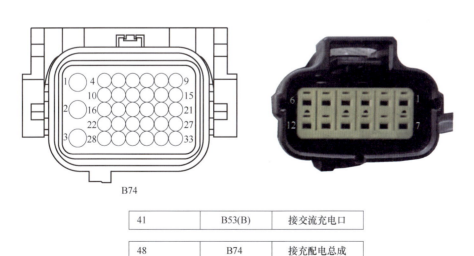

41	B53（B）	接交流充电口
48	B74	接充配电总成

图 3-32　B74/4 和 B53（B）端子

仪表无充电连接显示，无法正常交流充电的故障分析：由交流充电系统原理图（图 3-33）分析，正常状态时，当车端充电枪完全插入插座后，车端充电枪解锁按键弹起，S_3 开关闭合。检测点 3 检测到 PE 搭铁之间的电阻为 R_C 阻值时，此时供电控制装备判断充电枪为连接状态，比亚迪车辆的供电控制装备为 VTOG 中的车载充电机。而当充电线连接指示灯、充电指示灯均不能正常显示时，说明检测点 3 检测到的电阻值为非正常状态。可能的原因有 CC 至 PE 回路断路、短路或虚接，车载充电机本体及 S_3 开关无法闭合故障。

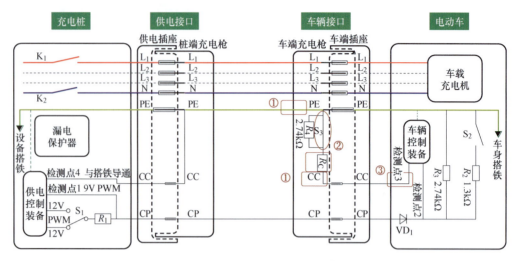

图 3-33   交流充电系统原理图分析故障原因

仪表充电连接已显示，但仍无法正常交流充电故障分析。若仪表充电连接指示灯已点亮，说明检测点 3 检测正常，判断充电枪为连接状态。而充电指示灯仍未点亮，车辆仍无法正常充电时，说明检测点 2 检测为非正常状态。可能的原因有 CP 至 PE 回路断路、短路或虚接；当前供电设备超过车辆限定的最大供电电流；供电电路 L、N、PE 线束故障；比亚迪车辆的供电控制装备为充配电总成中的车载充电机，可能车载充电机故障、S_2 开关损坏；BMS 充电连接故障以及与 BMS 状态相关。

（2）故障产生的范围   仪表无充电连接显示，无法正常交流充电，产生的故障范围可能是充电枪、车端充电口与 VTOG 连接的 CC 信号线及相关插接器故障以及 VTOG 中的车载充电机本体故障导致，如图 3-34 所示。

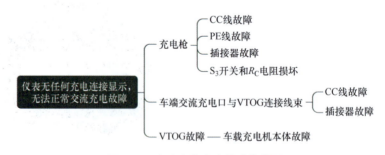

图 3-34   交流充电产生故障的范围

仪表充电连接已显示，但仍无法正常交流充电，产生的故障范围可能是充电枪上的 CP、PE 线束及插接器故障，车端充电口与车载充电机连接的 CP 信号线故障，供电电路 L、N、PE 线束及相关插接器故障以及车载充电机本身故障，S_2 开关故障导致。查看比亚迪 e5 电动汽车维修手册可知，车端充电口与充配电总成的充电控制导引 CP 线束 B53（B）/1 端子至 B74（5）端子线束和充电连接信号 BMS BK45（B）/20 至 B74/6，如图 3-35 所示。

4. 诊断排故

（1）诊断分析   当新能源汽车出现警告灯点亮或者故障现象的情况后，可以遵

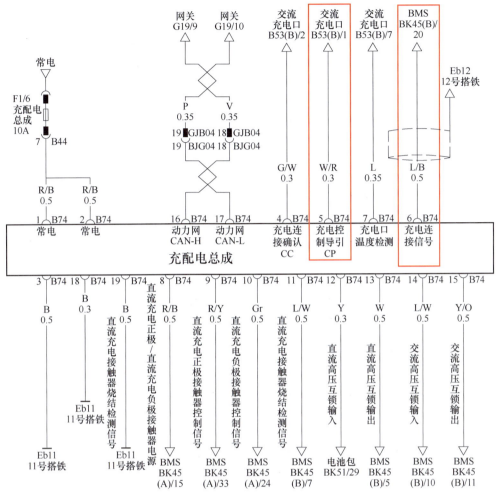

图 3-35　充电控制导引 CP 线束和充电连接信号

循以下原则进行相应的检查，包括一看、二查和三清。一看：仪表上显示的故障灯和故障现象，定位故障原因；二查：故障码和系统状态，找到故障原因；三清：清除故障后，要通过诊断仪重新清除故障码和检查数据流。

1）车辆可正常高压上电，初步判断动力系统功能性正常。

2）根据诊断仪读取故障信息，车辆各模块通信正常，未报送故障码，则说明车载充电机模块供电、通信正常。数据流中显示 CC 未连接状态，则说明 CC 信号存在异常。该故障为有故障现象、无故障码的典型案例。

3）排除 CC 故障后，需要重新验证车辆是否可以正常充电，是否还存在其他故障。

（2）诊断流程　交流充电系统诊断检修流程遵循的原则是由简入难、由车外到车辆自身，且由于新能源汽车的高压电特性，应先排除绝缘故障，再进行其他检查。根据故障案例，参考诊断流程，如图 3-36 所示。

（3）故障诊断

为客户诊断与排除交流充电系统故障，加强自身精益求精、严谨求实的劳动态度，坚持尊重劳动、尊重知识、尊重人才、尊重创造。劳动是人类生存和发展的基础。无论从事的劳动技术含量如何，只要每个人勤于学习、善于实践、勇于创新，就能够成就有价值的人生。

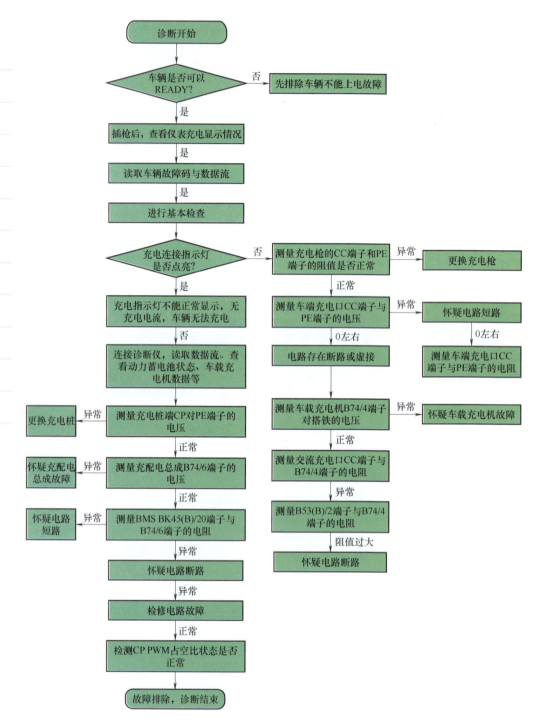

图 3-36　参考诊断流程

　　1）首先测量充电枪的 CC 端子和 PE 端子的阻值，如图 3-37 所示，16A 充电线阻值应为 680×（1±3%）Ω，32A 充电线阻值应为 220×（1±3%）Ω，便携式充电枪的 CC 端子与 PE 端子之间的电阻值为 1.5kΩ 左右。阻值如果不符合，则更换充电枪。

　　安全提示：检测桩端和车端线束都需要进行高压断电，确保工作安全。测量时，充电枪的解除锁止按键需保持在弹起状态。

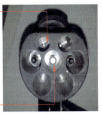

测量充电线桩端充电枪的CC端子和PE端子导通

车端充电枪

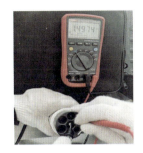

图 3-37　测量充电枪的 CC 端子和 PE 端子阻值

2）测量车端充电口 CC 端子与 PE 端子的电压，如图 3-38 所示，此时高压处于断电状态且辅助蓄电池 12V 电源正常，该点为车载充电机的输出电压（应为 12V 左右），实际测量为 6.3mV，不符合表示该点的电压异常，如果 0 左右表示此电路可能存在断路或短路，则进入下一步判断车载充电机 B74/4 端子状态。测量车载充电机 B74/4 端子对搭铁的电压，如图 3-39 所示，数值应为 12V 左右，可以断定车载充电机 B74/4 端子状态正常（如电压异常，则怀疑车载充电机故障）。进而断开辅助蓄电池 12V 电源，断开 B74 插头，如图 3-40 所示，测量交流充电口 CC 端子与 B74/4 端子的电阻，如图 3-41 所示，标准阻值应小于 1Ω，不符合则说明电路处于断路状态。断开 B53（B）插头，测量 B53（B）/2 端子与 B74/4 端子的电阻，标准阻值小于 1Ω，如无穷大，说明电路处于断路状态。

图 3-38　测量车端充电口 CC 端子与 PE 端子的电压

图 3-39　测量车载充电机 B74/4 端子对搭铁的电压

课堂笔记

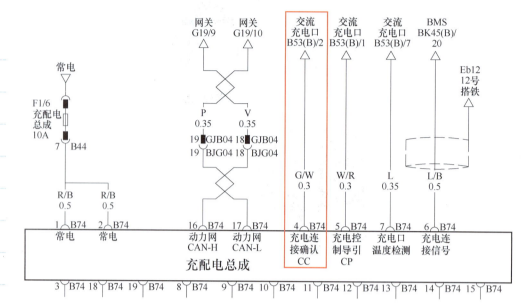

图 3-40 交流充电口 CC 端子与 B74/4 端子

图 3-41 测量交流充电口 CC 端子与 B74/4 端子的电阻

注意：

1）测量阻值时，需断开辅助蓄电池 12V 电源，确保工作安全。测量电阻之前，或调换不同倍率档后，都应将两表笔短接，用调零旋钮调零，调不到零位时应更换电池，测量完毕，应将转换开关拨到交流电压最高档上或空档上，以防止表笔短接，造成电池短路放电，同时，也防止下次测量时忘记拨档测量电压，烧坏表头。

2）不能带电测量电阻，否则不仅得不到正确的读数，还有可能损坏表头。

3）如果怀疑有短路，测量车端充电口 CC 端子与 PE 端子的电阻，标准值应为 10kΩ，可能存在短路，则对电路需要进一步分段测量。

4）若车端充电口 CC 端子与 PE 端子的电压低于正常状态电压，则电路可能存在虚接，则需要进一步检查此电路插头的连接情况，测量该电路的电阻。

5）根据故障点更换相关元件或线束。再次连接充电枪，查看仪表盘充电线连接指示灯已点亮，但充电指示灯不能正常显示，无充电电流，车辆无法充电，如图 3-42 所示。

图 3-42　充电线连接指示灯已点亮，但车辆无法充电

6）当充电线连接指示灯点亮、充电指示灯不能正常显示，无充电电流时，则需检查动力蓄电池的状态，高压线束插头连接牢固。

7）充电状态下，连接诊断仪，读取数据流。检查车辆各模块通信正常，无故障码，充电连接装置 CC 显示已连接，PWM 波占空比为 0，如图 3-43 所示。再对动力蓄电池充电状态界面显示的数据进行分析：分析动力蓄电池充电请求、动力蓄电池加热状态、动力蓄电池当前充电状态、动力蓄电池允许最大充电电流、动力蓄电池加热电流请求值、动力蓄电池允许的最高充电端电压、动力蓄电池当前充电允许的最高电压值等。接下来重点检查充电连接信号和充电控制导引 CP 信号。

图 3-43　读取充电相关数据流

课堂笔记

8）测量充电桩端 CP 对 PE 端子的电压，如图 3-44 所示，应存在充电桩输出的 12V 电压。不正常则更换充电桩，正常则进行下一步。

图 3-44　测量充电桩端 CP 对 PE 端子电压

9）测量充配电总成 B74/6 端子的电压，如图 3-45 所示。此时高压处于断电状态且辅助蓄电池 12V 电源正常，该点为车载充电机的输出电压应为 5V 左右，不符合表示该点的电压异常，则更换充配电总成。测量值为 3.2V，正常则进行下一步。

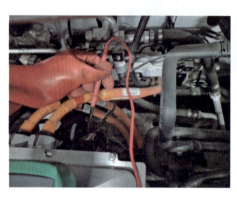

图 3-45　测量充配电总成 B74/6 端子的电压

10）测量 BMS BK45（B）/20 端子电压以及与 B74/6 端子的电阻，如图 3-46 所示。标准电压应为 5V 左右，标准阻值应小于 1Ω，不符合则说明电路处于断路状态。如果怀疑短路，测量任一端端子与车身搭铁点的电阻，标准应为 10kΩ，如阻值小于标准值，则可能存在短路或虚接，需对电路进一步分段测量。检测发现 BMS BK45（B）/20 端子与 B74/6 端子电路断路，BMS 未被慢充唤醒。

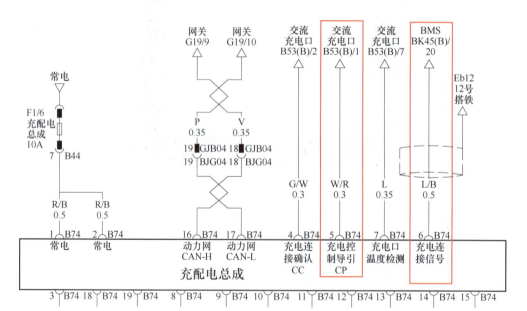

图 3-46　测量 BMS BK45（B）/20 端子与 B74/6 端子的电阻

（4）故障排除和竣工检查

1）故障排除。对故障线束或者元件进行更换。重新使用诊断系统调取数据流，再次确认故障是否已经排除，如图 3-47 所示。查看波形图，检测 CP PWM 占空比状态是否正常，如图 3-48 所示。

2）竣工检查。确认车辆能否正常上电；连接交流充电，确认充电连接指示灯是否点亮；充电指示灯是否点亮；仪表显示充电状态是否正常，如图 3-49 所示，车辆交流充电已正常。最后，对车辆和场地进行 6S 管理。

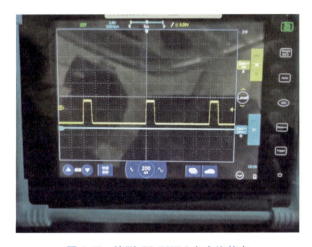

图 3-47 使用诊断系统调取数据流

图 3-48 检测 CP PWM 占空比状态

课堂笔记

图 3-49 车辆交流充电已正常

5. 故障机理

交流充电系统故障是指正确连接交流充电设备后不能正常对电动汽车进行充电。正常充电情况下，仪表显示充电线连接指示灯、充电指示灯点亮。从故障现象上可分为车辆仪表不显示充电、车辆仪表显示充电电流小两种。

1）设备不匹配问题：仪表显示充电电流小一般是由于动力蓄电池故障或充电设备与车辆不匹配导致的。

2）通信问题：因 CAN 线或者 VCU、动力蓄电池本身问题（线束老化或碰撞时损坏等）导致的通信故障，会造成充电无法唤醒或 VCU、BMS 与车载充电机无法进行通信，车辆仪表不能显示充电信息。

3）电路问题：因充电电路连接（例如插接器未插到位、进水氧化或碰撞时发生损坏等）以及各部件的电源线、搭铁线、信号线断路（老化或碰撞时损坏等）等造成的充电信号中断，导致无法充电，车辆仪表不能显示充电信息。

4）部件损坏问题：因进水氧化或碰撞时发生损坏等造成充电桩、车载充电机、VCU 或 BMS 部件自身故障，导致无法充电，车辆仪表不能显示充电信息。

课堂笔记

任务一 驱动电机控制系统故障诊断检修

【工作任务】

　　故障案例：王先生有一辆吉利 EV450 电动车，车辆正常启动，仪表 READY 指示灯可以点亮，但是车辆无法正常行驶。打电话求助，吉利新能源 4S 店维修技师到现场救援，初步判断车辆为驱动电机控制系统故障，需将车辆拖到经销店进一步排查，请你作为维修技师予以解决。

　　本任务"驱动电机控制系统故障诊断检修"以吉利新能源汽车为例，该案例源于《电动汽车维修故障案例库》，属于典型工作任务。对接职业技能等级 1+X 证书新能源汽车动力驱动电机电池技术（高级）模块的能力要求。

【建议学时】

　　4 课时

【学习内容】

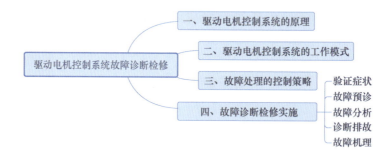

【学习目标】

知识目标：

1. 能说出驱动电机控制系统的工作原理【难点】。
2. 能解释驱动电机控制系统的工作模式【重点】。
3. 能描述故障处理的控制策略【重点】。

能力目标：

1. 能正确分析驱动电机控制系统的相关电路。
2. 能使用诊断仪进行故障信息的读取，确认驱动电机控制系统的故障现象。

3. 能根据电机控制系统控制原理及策略，借助诊断仪和维修手册等，分析驱动电机控制系统失效保护故障产生的可能原因【难点】。

4. 能根据故障原因，制订电机控制系统故障检修方案。

5. 能根据检修方案，依据厂家技术标准，正确使用专用工具诊断与排除电机控制系统故障，提高故障诊断逻辑思维能力【重点】。

素养目标：

1. 通过读取故障码和数据流、查阅维修手册等资料，具备信息检索和数据分析的能力。

2. 通过分组讨论分析故障原因和制订检修电机控制系统故障方案，培养学生的团队合作能力、分析问题和解决问题的能力，提高逻辑思维能力。

3. 通过对电机控制系统故障检测，具备牢固的安全和责任意识，严格遵照企业安全操作的注意事项进行操作。

4. 通过为客户诊断与排除电机控制系统故障，培养学生精益求精的工作作风和严谨求实的劳动态度，在检修工作中坚守岗位，对客户负责，增强职业荣誉感。

【知识准备】

一、驱动电机控制系统的原理

1. 驱动电机的结构特点

吉利帝豪 EV450 驱动电机安装在整车右前轮胎左边，与减速器相连，如图 4-1 所示。

图 4-1　驱动电机

电动汽车由电动机驱动，电动机是电动汽车的关键部件。要使电动汽车具有良好的使用性能，驱动电机应具有较宽的调速范围及较高的转速、足够大的起动转矩，还要具有体积小、重量轻、效率高、动态制动性强和能量回馈的性能，如图 4-2 所示。目前，新能源汽车的驱动电机主要有永磁同步电机和交流异步电机两种。国内主流新能源品牌比亚迪、吉利、北汽等新能源汽车所使用的驱动电机大部分为永磁同步电机，特斯拉、蔚来等部分车型使用的驱动电机为交流异步电机。

永磁同步电机是一种三相交流电动机（动力蓄电池通过直流母线至分线盒，再到电机控制器，由电机控制器将直流电转换成三相交流电），并通过控制算法驱动

课堂笔记

整个电机启动。

与传统汽油机不同，电动机没有怠速。即使车辆由静止到起步的临界状态，电机也可产生最大驱动转矩，可保证提供给车辆较好的加速度。

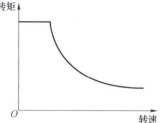

图 4-2　驱动电机的特点

如图 4-3 所示，永磁同步电机主要是由转子、端盖及定子等各部件组成的。一般来说，永磁同步电机最大的特点是它的定子结构和普通的感应电机结构非常相似，主要是区别于转子的独特结构与其他电机形成了差别。和常用的异步电机最大的不同则是转子的独特结构，在转子上放有高质量的永磁体磁极。

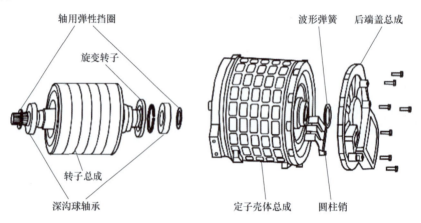

图 4-3　永磁同步电机的结构

2. 驱动电机的工作原理

电机的驱动电路图如图 4-4 所示，定子绕组产生旋转磁场的机理与感应电动机是相同的，其转子通过永久磁铁产生磁场，两个磁场相互作用产生转矩，定子绕组产生的旋转磁场，可看作是一对旋转磁极吸引转子的磁极随其一起旋转。永磁同步电机带负载时，气隙磁场是永磁体磁动势和电枢磁动势共同建立的，电枢磁动势对气隙磁场有影响，电枢磁动势的基波对气隙磁场的影响称为电枢反应。

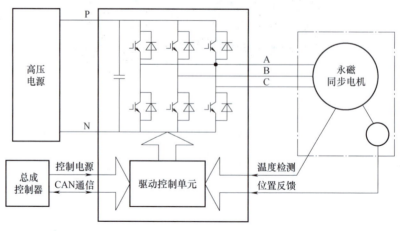

图 4-4　电机的驱动电路图

永磁同步电机的工作原理图如图 4-5 所示，图中，θ 为功率角，电机的转子是一个永磁体，N、S 极沿圆周方向交替排列，定子可以看成是一个以速度 n_0 旋转的磁场。电机运行时，定子存在旋转磁动势，转子像磁针在旋转磁场中旋转一样，随着定子的旋转磁场同步旋转。

同步电机转速可表示为

$$n = n_0 = \frac{60f_s}{p_n}$$

式中　f_s——电源频率；p_n——电机极对数。

永磁同步电机的定子是三相对称绕组，三相正弦波电压在定子三相绕组中产生对称三相正弦波电流，并在气隙中产生旋转磁场，如图 4-5 所示，旋转磁极与已充磁的磁极作用，带动转子与旋转磁场同步旋转，并力图使定、转子磁场轴线对齐。当外加负载转矩以后，转子磁场轴线将落后定子磁场轴线一个功率角，负载越大，功率角也越大，直到一个极限角度，电机停止。由此可见，同步电机在运行中，转速必须与频率严格成比例旋转，否则会失步停转。所以，它的转速与旋转磁场同步，其静态误差为零。在负载扰动下，只是功率角变化，而不引起转速变化，它的响应时间是实时的。

如图 4-6 所示，电机控制器控制三相交流电分别流入定子线圈中，即产生了旋转的磁场，这个旋转的磁场牵引转子内部的永磁体，产生和旋转磁场同步的旋转转矩，使用旋转变压器检测转子的位置和电流传感器检测线圈的电流，从而控制驱动电机的转矩输出。

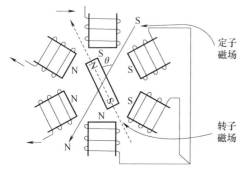

图 4-5　永磁同步电机的工作原理图

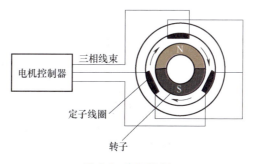

图 4-6　电机控制

3. 旋转变压器的结构

旋转变压器又叫作旋变传感器，如图 4-7 所示，旋转变压器由定子和转子两部分组成。定子绕组相当于变压器的一次侧，输入励磁电压，励磁频率由控制单元控制，转子绕组相当于变压器的二次侧，通过电磁感应得到感应电压。定子采用三个线圈，即励磁线圈 A（输入）、输出线圈 S（正弦）和输出线圈 C（余弦）。输出线圈 S、输出线圈 C 两线圈互成 90°安装。

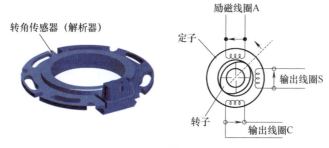

图 4-7　旋转变压器

　　电机控制器向励磁线圈 A 输入一定量的交流电，从而将特定频率连续施加到输出线圈 S 和输出线圈 C 上，与转子转速无关，由于转子是椭圆状，所以定子与转子之间间隙的大小随着转子旋转而发生变化，因此，输出线圈 S 和输出线圈 C 的波形峰值根据转子的位置而波动。电动机或发电机检测输出线圈峰值，将这些值进行连接形成理论波形，根据输出线圈 S、输出线圈 C 之间的差值估算转子的绝对位置，根据输出线圈 S、输出线圈 C 的理论波形相位差确定旋转方向，并根据特定时间段内转子的角度变化估算转速。

　　旋变信号的作用是反映驱动电机转子当前的旋转相位，电机控制器再通过旋变信号计算当前的驱动电机转速。本车旋转变压器采用磁阻式，结构如图 4-8 所示，旋变转子与驱动电机转子同轴连接，随电机转轴旋转。旋变定子内侧有感应线圈，安装在驱动电机定子上，驱动电机旋转时，带动旋变转子旋转。旋转变压器与电机控制器插接器如图 4-9 所示，EV450 电机线束插接器中间通过六根低压线束连接，两根是从电机控制器激励信号，另外四根分别是旋转变压器输出的正弦信号和余弦信号。端子定义见表 4-1。

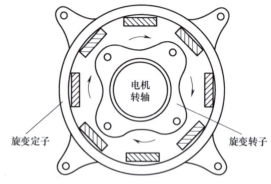

图 4-8　旋转变压器结构

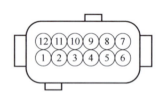

图 4-9　旋转变压器与电机控制器插接器

表 4-1　EV450 电机线束插接器端子定义

端子号	端子定义	颜色	端子状态
1	NTC 温度传感器 1+	L/R	—
2	NTC 温度传感器 1−	R	—
3	NTC 温度传感器 2+	Br/W	—
4	NTC 温度传感器 2−	W/G	—
5	屏蔽搭铁	B	—
6	屏蔽搭铁	B	—
7	COSL	P	旋变余弦
8	CPS	L	旋变余弦
9	SINL	旋变正弦	—
10	SIN	Y	旋变正弦
11	REFL	O	旋变励磁
12	REF	G	旋变励磁

4. 电机控制器的结构工作原理

国产车（前置前驱）电机控制器一般安装在前舱内，图 4-10 所示为电机控制器的安装位置，采用 CAN 通信控制，控制着动力蓄电池组到电机之间能量的传输，同时采集电机位置信号和三相电流检测信号，精确地控制驱动电机运行。

图 4-10　电机控制器的安装位置

如图 4-11 所示，车载充电机直流母线连接车载充电机的高压线束，在能量回收阶段，电机控制器将交流电转换成直流电，为高压动力蓄电池充电。三相动力线束连接驱动电机的高压线束，在能量消耗阶段，电机控制器将直流电转换成交流电，以驱动电机。DC/DC 变换器将电池的高压电转换成低压电，提供整车低压系统供电。低压线束插接器连接控制器通信、电源、传感器信号线束。冷却液循环输入、输出管路用于热管理系统冷却液的循环。

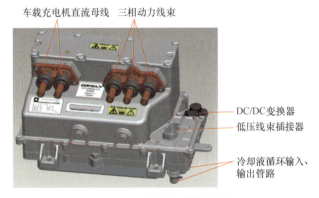

图 4-11　电机控制器的结构

电机控制器控制的电路包括功率电路、驱动与保护电路、控制电路三大部分，其中，功率电路用于进行能量的变换，驱动与保护电路用于实现对功率模块的驱动控制与故障保护，控制电路用于实现电机的转矩和转速控制与整车通信等功能。

图 4-12 所示为电机控制器内部结构，驱动电机控制器主要依靠电流传感器、电压传感器、温度传感器、旋转变压器来进行电机运行状态的监测，根据相应参数进行电压、电流的调整控制以及其他控制功能的完成。电流传感器用于检测电机工作实际电流，包括母线电流、三相交流电流。电压传感器用于检测供给电机控制器工作的实际电压，包括动力蓄电池电压、12V 蓄电池电压。温度传感器用于检测电机控制系统的工作温度，包括 IGBT 模块的温度。驱动电机控制器结构分为低压接口和高压接口。驱动电机控制器集成 DC/DC 转换功能将直流高压电变为低压电给蓄电池充电。

课堂笔记

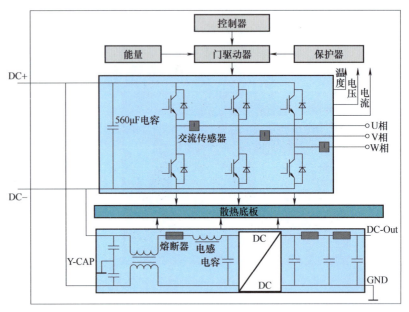

图 4-12　电机控制器内部结构

　　驱动电机的输出动作主要是电机控制器输出命令，控制器主要是将输入的直流电逆变成电压、频率可调的三相交流电（直流电机是直流电），供给配套的驱动电机使用。驱动电机控制器将动力蓄电池提供的直流电转化为交流电，然后输出给电机；通过电机的正转来实现整车加速和减速；通过电机的反转来实现倒车；其通过有效的控制策略，控制动力总成以最佳方式协调工作。

　　当车辆处于能量消耗阶段，电机控制器将动力蓄电池中的直流电转换为交流电，以驱动电机。当车辆制动或滑行阶段，电机作为发电机应用。它可以完成由车轮旋转的动能到电能的转换，给电池充电。电机控制器还可以将动力蓄电池的高压电通过 DC/DC 变换器转化为低压电，为整车低压系统供电。吉利帝豪 EV450 能量传递路线如图 4-13 所示。

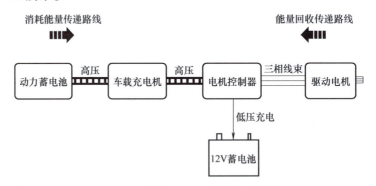

图 4-13　帝豪 EV450 能量传递路线

二、驱动电机控制系统的工作模式

1. 电机控制模式

电机控制模式可以分为转矩控制、静态控制、主动放电和 DC/DC 直流转换。

（1）转矩控制模式　电机控制系统控制电机轴向四象限的转矩。由于没有转矩传感器，转矩指令（由整车控制器发送）被转换成为电流指令，并进行闭环控制。转矩控制模式只有在获得正确的初始偏移角度时才能进行。

（2）静态控制模式 静态控制模式在电机控制器（PEU）处于被动状态（待机状态）或故障状态时被激活。

（3）主动放电模式 主动放电模式用于高压直流端电容的快速放电。主动放电指令来自整车控制器的指令或由电机控制器内部故障触发。

（4）DC/DC 直流转换模式 电机控制器中的 DC/DC 变换器将高压直流端的高压转换成指定的直流低压（12V 低压系统），低压设定值来自整车控制器指令。

2. 驱动系统的整车控制

（1）整车能量优化管理 通过对电动汽车的电机驱动系统、电池管理系统、传动系统以及其他车载能源动力系统（如空调、电动泵等）的协调和管理，提高整车能量利用效率，延长续驶里程。

（2）充电过程控制 电机控制器与电池管理系统共同进行充电过程中的充电功率控制，电机控制器接收到充电信号后，应该禁止高压系统上电，保证车辆在充电状态下处于行驶锁止状态；并根据电池状态信息限制充电功率，保护电池。

（3）高压上下电控制 根据驾驶人对行车启动开关的控制，进行动力蓄电池的高压接触器开关控制，以完成高压设备的电源通断和预充电控制。上下电流程处理：协调各相关部件的上电与下电流程，包括电机控制器、电池管理系统等部件的供电，预充继电器、主继电器的吸合和断开时间等。

（4）防溜车功能控制 纯电动汽车在坡上起步时，驾驶人从松开制动踏板到踩加速踏板过程中，会出现整车向后溜车的现象。在坡上行驶过程中，如果驾驶人踩加速踏板的深度不够，整车会出现车速逐渐降到 0 然后向后溜车的现象。为了防止纯电动车在坡上起步和运行时向后溜车的现象，在整车控制策略中增加了防溜车功能。防溜车功能可以保证整车在坡上起步时，向后溜车小于 10cm；在整车坡上运行过程中如果动力不足时，整车车速会慢慢降到 0，然后保持 0 车速，不再向后溜车。

（5）车辆状态的实时监测和显示 电机控制器应该对车辆的状态进行实时检测，并且将各子系统的信息发送给车载信息显示系统，其过程是通过传感器和 CAN 总线，检测车辆状态及其动力系统及相关电器附件各子系统状态信息驱动显示仪表，将状态信息和故障诊断信息通过仪表显示出来。

（6）换档控制 档位管理关系驾驶人的驾驶安全，正确理解驾驶人的意图，以及识别车辆合理的档位，在基于模型开发的档位管理模块中得到很好的优化。能在出现故障时做出相应处理，保证整车安全，在驾驶人出现档位误操作时，通过仪表等提示驾驶人，使驾驶人能迅速做出纠正。

（7）行车控制分级

1）正常模式：按照驾驶人意愿、车辆载荷、路面情况和气候环境的变化，进行调节车辆的动力性、经济性和舒适性。

2）跛行模式：当车辆某个系统出现中度故障时，此时将不采纳驾驶人的加速请求；启动跛行模式，最高车速为 9km/h。

3）停机保护模式：当车辆某个系统出现严重故障时，控制器将停止发出指令，进入停机状态。

三、故障处理的控制策略

连续监视整车电控系统，进行故障诊断，并及时进行相应安全保护处理。根据传感器的输入及其他通过 CAN 总线通信得到的电机、电池、充电机等的信息，对各种故障进行判断、等级分类、报警显示；存储故障码，进行故障诊断，并及时进行相应安全保护处理。根据传感器的输入及其他通过 CAN 总线通信得到的电机、电池和踏板等的信息,对各种故障进行判断、等级分类、报警显示;存储故障码,供维修时查看。

当故障发生时,故障类型见表 4-2,软件根据故障级别使电机控制器进入安全状态或限制状态。安全状态包括主动短路或 Freewheel 模式,限制状态包括四个级别的功率/转矩输出限制。电机控制器软件中提供基于 ISO 14229 标准的诊断通信功能。

表 4-2 故障类型

诊断项目	诊断内容
传感器诊断	电流传感器、电压传感器、温度传感器、位置传感器等故障诊断
电机诊断	电流调节故障,电机性能检查,主动短路或空转条件不满足,转子偏移角诊断等
CAN 通信诊断	包括 CAN 内存检测,总线超时,报文长度、Checksum 校验,收发计数器的诊断
硬件安全诊断	相电流过电流诊断,直流母线电压过电压诊断,高/低压供电故障诊断,处理器监控等
DC/DC 诊断	DC/DC 变换器以及工作状态诊断

(1)硬件故障类型

1)母线过电压保护:高速工况下母线电压超过硬件保护阈值,控制器主动进入主动短路模式,避免由于反电势过高超过 IGBT 耐压等级,造成不可逆损坏。

2)输出过电流保护:三相电流超过硬件保护阈值,控制器主动关闭输出。还可以避免大电流对电机绕组绝缘性能造成破坏。

3)输出短路保护:三相输出端子出现短路时,控制器硬件能快速关闭输出。避免对 IGBT 功率模块造成过热后的不可逆损坏。

4)功率模块故障保护:IGBT 功率模块供电电源异常、功率模块损坏时,控制器硬件快速关闭门极的驱动信号。

5)过热保护:控制器硬件能检测 MCU 内核温度、控制器内部环境温度、IGBT 内部散热底板温度、电机内部热敏电阻探测的温度。如果温度达到保护点,控制器将限制功率,直至功率降低为 0。

6)低压电源电压保护:控制器低压电源超过 18V,或者低于 9V 后,部分硬件电路会出现异常;低压电源正、负极之间还可能出现反接的可能性。控制器硬件设计时增加了低压电源监控电路,低压电源电压出现异常时,关闭高压逆变电路输出。

7)旋转变压器故障保护:控制器内部旋变解码电路具备对旋变信号的诊断功能,可以识别旋变信号断路、短路、旋变信号异常等故障模式。避免旋转变压器信号异常时,对输出力矩的安全性进行保护。

(2)软件故障类型

1)过温限功率:控制器温度过高、电机温度过高时,主动减小控制器输出功率,将温度限制在安全的温度范围内。如果温度持续升高,功率降低为 0。

2)过压限功率:母线电压过高时,在制动回收能量工况下,根据电压降低输出功率,超过极限电压后,回收能量降低为 0。

3)欠电压限功率:母线电压过低时,在电动运行工况下,根据母线电压降低输出功率,超过极限电压后,电动输出功率为 0;在不同电压下,适配电机实际输出能力,在电池电压较低时避免大功率放电,对电池形成保护。

4)CAN 超时故障:CAN 通信超时逻辑,实时检测控制器与 VCU 之间的信息传递是否异常。进入 CAN 超时故障时，控制器输出功率降低为 0；一段时间后，尝试恢复 CAN 通信网络。

5）电机超速保护：控制器与电机匹配时，当电机转速超过最高转速时，控制器将输出功率降低为 0，避免转速继续升高。

（3）常见故障保护阈值　见表 4-3，当超出保护阈值，系统将进入故障保护模式。故障类型有：母线过电压、欠电压，电机控制器、驱动电机、DC/DC 过温，12V 欠电压、过电压，电机超速等。当故障保护阈值超出范围时，系统将进入故障处理模式。

表 4-3　故障保护阈值

序号	故障名称	限功率阈值	故障阈值
1	母线过电压	>420V	>450V
2	母线欠电压	<336V	<240V
3	电机控制器过温	>95℃	>105℃
4	驱动电机过温	>160℃	>170℃
5	DC/DC 过温	—	>100℃
6	12V 欠电压	—	<7.8V
7	12V 过电压	—	>17V
8	电机超速	>12000r/min	>12500r/min
9	相电流过电流	—	>550A

四、故障诊断检修实施

1. 验证症状

1）首先通过向车主问诊该车的故障症状，了解之前车辆是否出现过事故，了解车主的驾驶习惯。在吉利维修服务系统中，调取该车的维修维护记录，调取出现故障时间段的数据。

2）采取故障再现的方法验证故障现象：操纵车辆，确认车辆可否 READY，仪表有无其他异常显示，检查换档位是否正常、车辆是否可以行驶，故障现象是否再现。如果再现，正确分辨是否是真的故障现象。

3）如图 4-14 所示，启动车辆，该车仪表显示无异常，READY 指示灯点亮，可以完成换档，正常解除驻车制动，踩下加速踏板车辆无移动趋势，车辆 READY 指示灯正常，无其他故障灯指示，车辆无法行驶。关闭起动开关，灭车，重新启动车辆，和上述现象一致。该车辆存在无法驱动的故障现象。

图 4-14　仪表显示

2. 故障预诊

1）预诊故障。正确规范使用专用故障诊断仪进行读取故障信息，检查车辆各

课堂笔记

模块通信情况，车辆是否存在故障码。故障码分为历史故障和当前故障。通常，清除后的故障码为当前故障码。还应了解故障码触发的条件，这有助于分析故障原因和故障范围。

注意：车辆连接、断开诊断仪时应关闭启动开关。读取信息时操作启动开关使电源模式置于 ON 状态。

2）基本检查。查阅车型维修手册，检查故障码信息详见维修手册。优先排除有故障码的故障。如图 4-15 所示，检查相关故障码系统的模块、传感器、用电器、电路安装、插接器安装状态。检查系统外观状态。

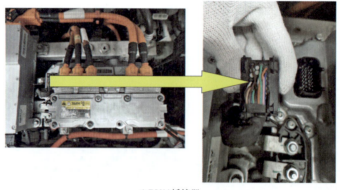

a) BV11插接器

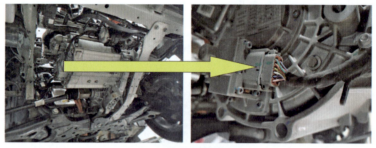

b) BV13插接器

图 4-15　低压插接器

3）如图 4-16 所示，整车控制器和电机控制器分别报送历史及当前故障码，显示为电机控制系统相关故障。检查电机控制系统高、低压线束连接状况。

注意：触碰高压之前必须高压断电，佩戴绝缘手套再进行检查。

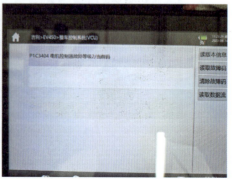

图 4-16　故障码

3. 故障分析

（1）故障产生的可能原因　根据故障码查询维修手册，获取故障发生的条件和参考故障信息为电机控制器 2 级故障、驱动电机旋变信号相关故障。可能的故障原因为电机控制、旋变信号、驱动电机引起的故障。

（2）电机控制系统电路分析　如图 4-17 和图 4-18 所示，电机控制系统电路由电机控制器、电机、高压分线盒、VCU 模块和诊断接口组成。控制系统电路由电机控制器电源、搭铁和数据线构成。

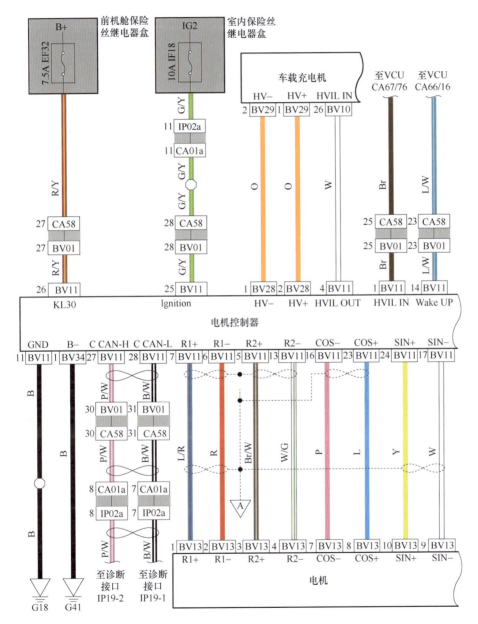

图 4-17　电机控制系统电路图（一）

1）BV12/1B+为 DC/DC 电源输出，电路电流从蓄电池 B+端蓄电池正极桩头→150A 熔丝→BV12/1，电路异常时将导致 DC/DC 低压电源失效。

2）BV11/26 为 IPU 常电电源，电路路径从前舱熔丝继电器盒 B+→EF32 熔丝（7.5A）→CA58/27→BV01/27→BV11/26（KL30），该电路异常时 IPU 将工作异常。导致高压无法上电，车辆行驶异常。

课堂笔记

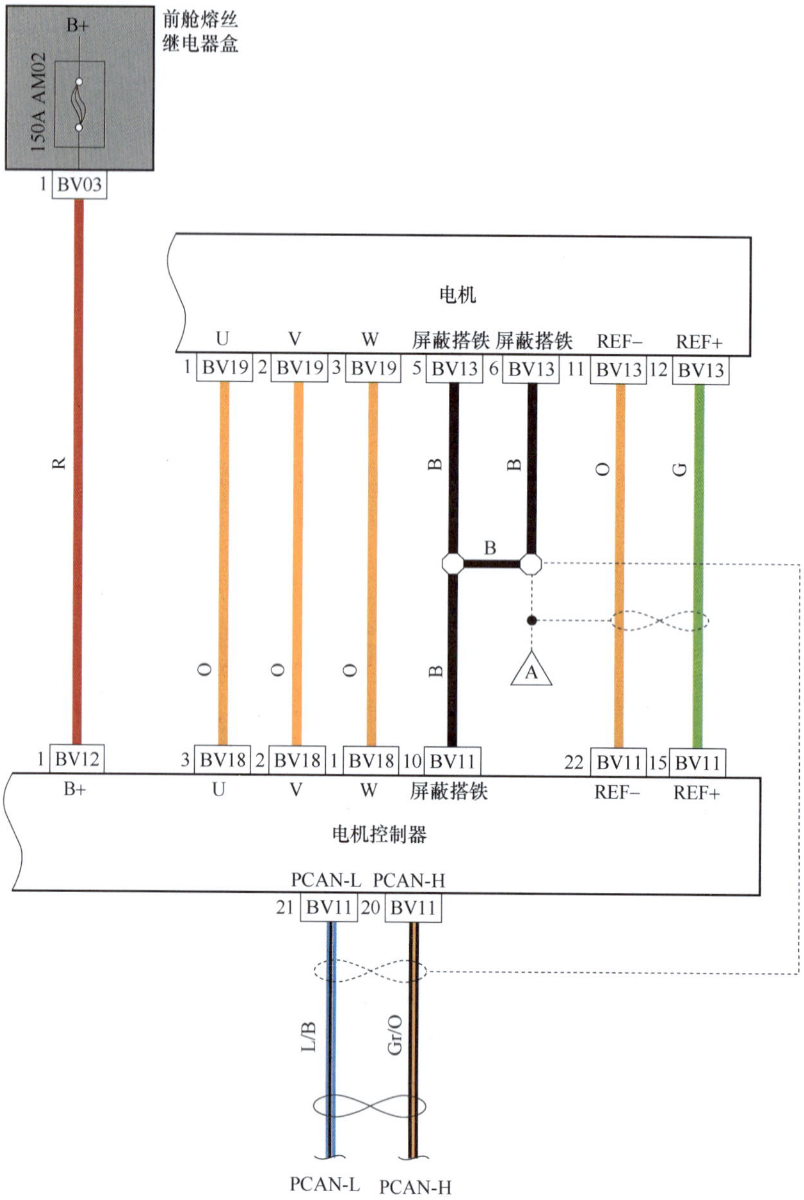

图 4-18　电机控制系统电路图（二）

3）BV11/25 为 PEPS 控制 IG2 继电器，电流路径 IG2→IF18 熔丝（10A）→IP02a→CA01a→CA58/28→BV01/28→BV11/25 Ignition。该电路异常时，IPU 将工作异常。导致高压无法上电，车辆行驶异常。

4）BV11/4、BV11/1 为高压互锁控制电路，BV11/4 为 HVIL OUT 输出端连接车载充电机、BV11/1 为 HVIL IN 输入端连接 VCU，高压互锁系统正常时，互锁节点中的信号为占空比信号，电压平均值约为 5V。当高压互锁信号监测异常时，导致高压无法上电，车辆行驶异常。

5）BV11/20 CAN-H、BV11/21 CAN-L 为动力 CAN 总线，与总线通信系统 P-CAN 相连，当总线异常时，导致高压无法上电，车辆行驶异常。

6）BV11/27 CAN-H、BV11/28 CAN-L 为动力 CAN 总线与诊断接口 IP19-2/IP19-1 相连接，当两总线同时异常时，可能会影响读取电机控制器信息。

7）BV11/11 GND 为电机控制器搭铁与 G18 相连，BV34/1 为 B-搭铁与 G41 相连。当该电路异常时，系统未见明显异常。

8）BV11/7 R1+、BV11/6 R1−、BV11/5 R2+、BV11/13 R2−为温度传感器信号，分别与电机端 BV13/1、BV13/2、BV13/3、BV13/4 相连。当电路出现异常时，IPU 报送故障，可能导致车辆行驶异常。

9）BV11/16 COS−、BV11/23 COS+为旋转变压器余弦信号，分别与电机端 BV13/7、BV13/8 相连。当电路或者变压器本身出现异常时，高压无法上电，车辆行驶异常。

10）BV11/24 SIN+、BV11/17 SIN−为旋转变压器正弦信号，分别与电机端 BV13/10、BV13/9 相连。当电路或者变压器本身出现异常时，高压可以上电，车辆行驶异常。

11）BV11/14 Wake up 为电机控制器唤醒线，电路路径从 VCU CA66/16→CA58→BV11/14，该电路异常时，电机控制器将工作异常。导致高压无法上电，车辆行驶异常。

12）BV11/22 REF−、BV11/15 REF+为旋转变压器励磁信号，分别与电机端 BV13/11、BV13/12 相连。当电路或者变压器本身出现异常时，高压无法上电，车辆行驶异常。

（3）可能的原因分析

> 当故障发生时，软件根据故障级别使电机控制器进入安全状态或限制状态。安全状态包括主动短路或 Freewheel 模式，限制状态包括四个级别的功率/转矩输出限制。

1）母线过电压保护：高速工况下，母线电压超过硬件保护阈值，控制器主动进入主动短路模式，避免由于反电势过高超过 IGBT 耐压等级，造成不可逆损坏。

2）输出过电流保护：三相电流超过硬件保护阈值，控制器主动关闭输出。还可以避免大电流对电机绕组绝缘性能造成破坏。

3）输出短路保护：三相输出端子出现短路时，控制器硬件能快速关闭输出。避免对 IGBT 功率模块造成过热后的不可逆损坏。

4）功率模块故障保护：IGBT 功率模块供电电源异常、功率模块损坏时，控制器硬件快速关闭门极的驱动信号。

5）过热保护：控制器硬件能检测 MCU 内核温度、控制器内部环境温度、IGBT 内部散热底板温度、电机内部热敏电阻探测的温度。如果温度达到保护点，控制器将限制功率，直至功率降低为 0。

6）低压电源电压保护：控制器低压电源超过 18V，或者低于 9V 后，部分硬件电路会出现异常；低压电源正、负极之间还有出现反接的可能性。控制器硬件设计时增加了低压电源监控电路，低压电源电压出现异常时，关闭高压逆变电路输出。

7）旋转变压器故障保护：控制器内部旋变解码电路具备对旋变信号的诊断功能，可以识别旋变信号断路、短路、旋变信号异常等故障模式。避免旋转变压器信号异常时，对输出力矩的安全性进行保护。

（4）故障产生的范围　根据故障现象和故障码、数据流综合分析，参照电机控制系统电路图进一步缩小故障范围，如图 4-19 所示。故障范围为旋转变压器故障和控制器内部旋变解码电路故障。故障类型为旋变传感器自身故障，电路存在断路、短路、虚接故障，电机控制器故障。

4. 诊断排故

（1）诊断分析　故障诊断是在通过验证故障现象（基本检查）所获取预诊断数

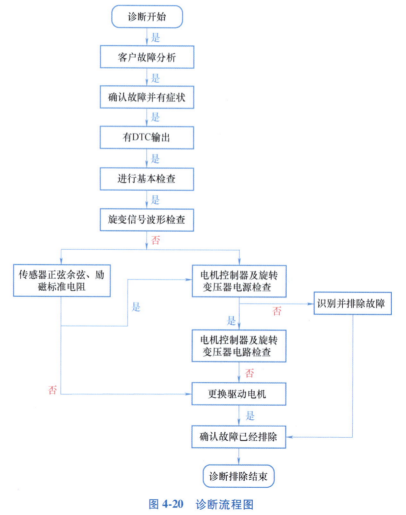

图 4-19　故障范围

据的基础上，逐渐寻找故障真正原因的一个反复过程。基于车辆功能、结构和运行系统的各项检查，从检查系统功能开始，逐渐缩小到检查单个零部件。充分利用诊断仪（所测数据有利于诊断分析），该故障是典型的有故障现象、有故障码的故障。

1）车辆在静止状态高压上电正常，可以正常充电，初步判断动力系统功能性正常。

2）诊断仪检查车辆各模块通信正常，电机控制器模块供电电源和动力总线通信相关故障初步可以排除。

3）VCU、电机控制器模块分别报送电机控制器、旋转变压器相关故障，通过查询维修手册，了解故障码信息，可能为电机控制器、旋转变压器相关故障。

4）基本检查未发现异常，故障现象和故障码输出具有一致性，根据排故基本法则，应先支持考虑故障码相关故障，即电机控制器、旋转变压器信号故障。

（2）诊断流程　诊断流程图如图 4-20 所示。

图 4-20　诊断流程图

（3）故障诊断

1）首先通过主动测试检测旋变信号状态、考虑电机控制系统结构特点、测试时的效率，选择 IPU 端 BV11 插接器作为测量节点，首先检查旋转变压器、正弦、余弦的波形，连接 BV11 端子背针，连接示波器，将车辆举升离开地面，启动车辆上电，手动旋转前轮观察旋变信号波形。如图 4-21 所示，经检查正弦信号异常。

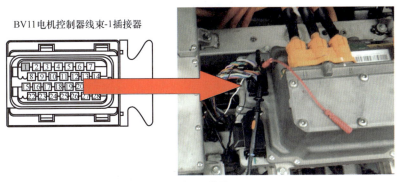

a）BV11端子

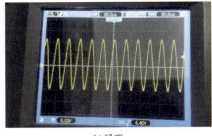

b）励磁

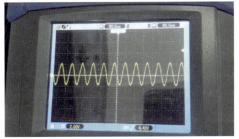

c）正弦

d）余弦

图 4-21 旋转变压器波形

继续选择从 IPU 端子，测量旋转变压器励磁、正弦、余弦的电阻，如图 4-22 所示，测量旋转变压器的电阻。经测量，正弦阻值为无穷大，异常。下一步断开 BV13，测量旋转变压器本身阻值。如旋转变压器阻值正常，接下来检查线束。

图 4-22 测量正弦阻值

2）检测驱动电机旋变信号屏蔽电路，执行高压断电。如图 4-23 所示，断开电机控制器线束 BV11，将起动开关电源置于 OFF 状态，使用万用表测量电机控制器线束插接器 BV11 的 1 号、11 号端子与车身搭铁之间的电阻。标准电阻小于 1Ω，确认测量值是否符合标准，经测量正常。

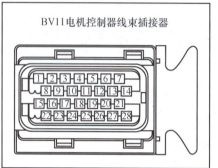
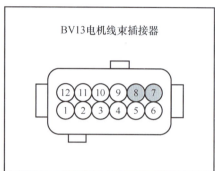
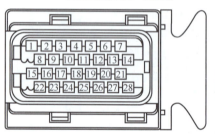

图 4-23　屏蔽电路

如不符合，则修理或者更换线束；如果符合，检查驱动电机旋变信号电路。

3）检测驱动电机余弦信号电路，操纵启动开关电源置于 OFF 状态，执行高压断电，如图 4-24 所示，断开驱动电机线束插接器 BV13，断开电机控制器线束插接器 BV11，用万用表测量 BV13/7 到 BV11/16、BV13/8 到 BV11/23，测量标准值小于 1Ω，如阻值大于标准值，可能为虚接，无穷大时为断路。测量 BV13/7 到 BV13/8，测量标准值为大于 10kΩ，如异常，则可能为互短路故障。测量 BV13/7 到车身搭铁、BV13/8 到车身搭铁测量标准值为大于 10kΩ，如异常，则可能为短路故障。启动开关电源置于 ON 状态，检查 BV13/7 到车身搭铁、BV13/8 到车身搭铁电压，标准值为 0，如异常，可能为电路对电源短路故障。如不符合标准值，应修理或更换线束。经过测量正常。

a）断路检查　　　　b）对地短路及电路互短检查　　　　c）对正极短路检查

图 4-24　检测余弦信号电路

4）检测驱动电机正弦信号电路，进行高压断电，如图 4-25 所示，断开驱动电机线束插接器 BV13，断开电机控制器线束插接器 BV11，用万用表测量 BV13/9 到 BV11/17、BV13/10 到 BV11/24，测量标准值小于 1Ω，如阻值大于标准值，可能为虚接，无穷大时为断路。经测量 BV13/9 到 BV11/17 为无穷大。测量 BV13/9 到 BV13/10，测量标准值为大于 10kΩ，如异常，则可能为互短路故障。测量 BV13/9 到车身搭铁、BV13/10 到车身搭铁，测量标准值为大于 10kΩ，如异常，则可能为短路故障。将启动开关电源置于 ON 状态，检查 BV13/9 到车身搭铁、BV13/10 到车身搭铁电压，标准值为 0，如异常，可能为电路对电源短路故障。经过测量，BV13/9 到 BV11/17 为无穷大，线束断路，需要更换线束。

a) 断路检查　　　　b) 搭铁短路及电路互短检查　　　　c) 对正极短路检查

图 4-25　正弦信号电路检测

5）检查驱动电机励磁信号电路，进行高压断电，断开驱动电机线束插接器 BV13，断开电机控制器线束插接器 BV11，用万用表测量 BV13/11 到 BV11/22、BV13/12 到 BV13/15，测量标准值小于 1Ω，如阻值大于标准值，可能为虚接，无穷大时为断路。测量 BV13/11 到 BV13/12，测量标准值为大于 10kΩ，如异常，则可能为互短路故障。测量 BV13/11 到车身搭铁、BV13/12 到车身搭铁，测量标准值为大于 10kΩ，如异常，则可能为短路故障。将启动开关电源置于 ON 状态，检查 BV13/11 到车身搭铁、BV13/12 到车身搭铁电压，标准值为 0，如异常，可能为电路对电源短路故障。如不符合标准值，应修理或更换线束。经过测量正常。

（4）故障排除和竣工检查

1）故障排除。对旋变信号控制电路故障部件进行维修或者更换，部分车型还需要重新进行标定。通过诊断系统再次测试，路试确认故障已经排除。

2）竣工检查。验证故障排除后，进行路试，并做好场地 6S。

5. 故障机理

电机控制器对车辆的状态进行实时检测，并将控制系统的信息发送给车载信息显示系统，其过程是通过传感器和 CAN 总线，检测车辆状态及其动力系统及相关电器附件各子系统状态信息驱动显示仪表，将状态信息和故障诊断信息通过仪表显示出来连续监视整车电控系统，进行故障诊断，并及时进行相应安全保护处理。电机控制器根据旋转变压器的输入通过 CAN 总线通信得到的电机转动状态的信息，当旋变信号故障发生时，电机控制器根据故障级别进入安全状态或限制状态。采取主动短路或 Freewheel 模式，严重故障时，限制功率/转矩输出。控制器将停止发出指令，进入停机状态。

 课堂笔记

任务二 新能源汽车热管理系统故障诊断检修

【工作任务】

故障案例：张女士的一辆 2018 款北汽新能源汽车 EU5 行驶 134572km，2 月份张女士在驾车回山西老家的高速路上，车辆仪表突然出现红色的电机过热的信息提示，几分钟后，车辆失去动力无法行驶，再次启动，车辆无法上电，随即报警救援，在等待救援的时间里，张女士再次启动车辆，发现车辆故障消失，可以正常上电 "READY"，但张女士不敢继续驾驶，将车拖到 4S 店。初步诊断为驱动电机过温故障，请给予解决。

本任务为 "新能源汽车热管理系统故障诊断检修" 以北汽 EU5 车型为例，源于《电动汽车维修故障案例库》，属于典型工作任务，对接企业维修岗位等级考核要求。

【建议学时】

6 课时

【学习内容】

【学习目标】

知识目标：

1. 能够说出新能源汽车动力系统的结构【重点】。
2. 能描述热管理系统的回路控制循环【难点】。

能力目标：

1. 能分析新能源汽车过温故障的故障原因【难点】。
2. 能根据维修资料，运用专用工具和检测设备，按照诊断流程完成热管理控制系统的常见故障【难点】。

素养目标：
1. 通过小组合作锻炼学生团队合作能力。
2. 能够按照企业 5S 要求和安全生产规范进行操作。
3. 通过完成工作任务培育严谨的工作态度【难点】。

 **【知识准备】**

一、动力系统的结构

电动汽车的动力系统主要指动力蓄电池、驱动电机与驱动电机控制器。常见的电动汽车动力系统已经实现机电一体化控制，以电能作为动力源，通过动力蓄电池存储电力，驱动电机控制器对电流强度和换向频率等进行控制，实现对驱动电机的控制，最终转化为机械能输出给车轮。电气元件的工作温度有着极高的要求，温度过低或过高都会影响其工作的稳定性、准确性以及安全性等。所以，对动力系统高压控制元件的温度进行有效的检测与控制是新能源汽车动力系统中非常重要的一部分，动力系统温度控制系统又叫作热管理系统。

如图 4-26 所示，新能源汽车动力蓄电池提供直流电源至母线，驱动电机将高压直流电逆变为高压交流电，并对交流电的电流与换向频率进行控制，实现对驱动电机的控制。其中，其他高压用电器不属于驱动动力系统，在此不进行具体介绍。

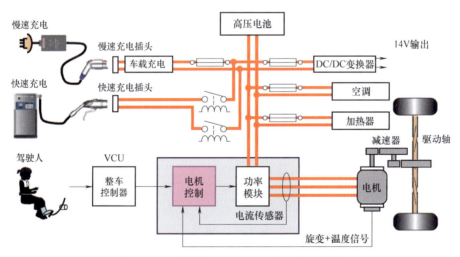

图 4-26 新能源汽车动力系统的结构示意图

动力系统过温故障可分为三大类，第一类是由于大功率用电器的负荷过大，或长时间过载，再或其自身出现故障导致温度上升，这一温度变化被传感器正确检测而报出的故障；第二类属于传感器检测故障，此类故障是由于传感器本身，或传感器接线等故障，导致温度信号不准确出现的故障现象；第三类故障则是由于动力系统温度控制系统出现问题，如冷却液缺失、水泵故障、风扇故障等，造成原本正常的动力系统由于散热不良导致的过温故障。

第一类与第三类故障均属于执行器类故障，是实际存在的，直接影响动力系统工作的故障，而第二类故障属于系统的"假"故障，实际驱动系统没有故障，但是传感器的数据显示有故障，此类故障除了系统提示故障信息等现象外，还会影响与温度控制相关联其他系统的故障。

课堂笔记

二、新能源汽车热管理功能架构的特点

新能源汽车热管理系统的作用在于实现各回路热量与冷量需求的内部匹配，能耗最优，降低电池能耗，实现制冷与制热功能；纯电动车型的热管理回路主要包括汽车空调回路（驾驶室热管理回路）、电池热管理回路和电机热管理回路。

图 4-27 所示为新能源汽车各热管理回路能量传输路径，其中，空调制热回路可以通过 PTC 或热泵产生热量、空调制冷回路可以产生冷量；电池热管理回路可产生热量，但在不同情况下既需要被制冷，又需要被加热；电机热管理回路可产生热量，主要需要被制冷。如果按照热量与冷量的供给和需求角度划分各个回路，热量供给方：空调制热回路、电池热管理回路、电机（或电驱动）热管理回路；冷量供给方：空调制冷回路；热量需求方：驾驶室、电池热管理回路；冷量需求方：驾驶室、电池热管理回路、电机热管理回路。

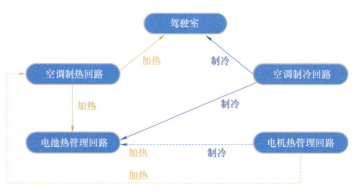

图 4-27　新能源汽车各热管理回路能量传输路径

热管理系统不断升级以提升新能源汽车整车续驶里程和车主驾驶体验。高效的热管理技术能够降低整车能耗，在不增加动力蓄电池容量的情况下提升续驶里程。同时，汽车空调系统能够通过调节 PTC 功率或者热泵功率保持汽车驾驶室恒温，使乘客体感温度合适。

> 新能源汽车热管理系统，增加电动汽车的续驶里程，兼备高度集成化、热量控制、远程控制、座舱环境个性化、宽温区高效化、关键零部件开发、环保工质替代等关键技术。在当前新能源汽车发展以及碳中和目标的背景下，新能源汽车热管理行业也应向着绿色高效化、功能一体化、结构模块化、控制智能化的"新四化"方向发展，为我国碳达峰、碳中和目标做出重要贡献。

三、典型车型热管理系统回路控制分析

1. 北汽 EU5 热管理系统回路控制分析

EU5 热管理系统由驾驶室回路的热管理、电驱系统热管理和电池热管理系统组成。

（1）驾驶室回路的热管理

1）驾驶室空调制冷循环控制：北汽 EU5 驾驶室制冷循环控制回路结构包括空调总成、空调控制器、电动压缩机、冷凝器、传感器系统、空调管路、压缩机支架、液体加热器、暖风水壶、三通电磁阀、板式热交换器、暖风水管等，如图 4-28 所示，其采用的制冷剂是 R134a。在热力膨胀阀的前端设置有制冷管路三通电磁阀，制冷循环如图 4-29 所示：电动压缩机→冷凝器→三通电磁阀→热力膨

胀阀电磁阀 1→空调蒸发器→压缩机入口，实现驾驶室的制冷。在驾驶室不需要制冷时，三通电磁阀关闭，切断通向蒸发器的制冷回路。当电池不需要冷却时，电子膨胀阀关闭，切断流向交换器的回路。

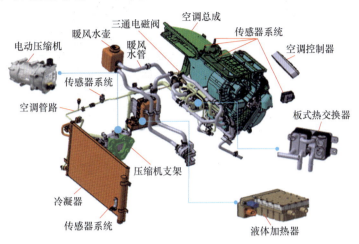

图 4-28　EU5 制冷循环控制

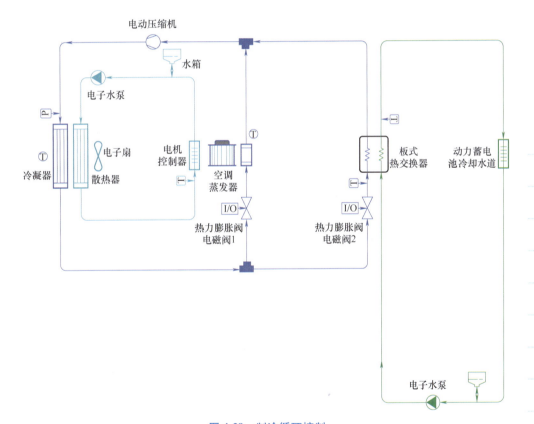

图 4-29　制冷循环控制

2）EU5 热管理加热系统由水泵进水管、加热器进水管、加热器出水管、暖风进水管、暖风出水管、板式热交换器出水管、板式热交换器进水管、暖风水壶、三通电磁阀、板式热交换器、水加热器、水泵总成组成，如图 4-30 所示。水加热器、板式热交换器、水壶、水泵通过管路连接成封闭的循环系统。水泵驱动介质通过水加热器进行循环加热，在板式热交换器内与电池侧介质进行热交换，再通过电池水泵进行循环升高电池包温度。驾驶室侧与电池侧可以同时工作，也可以单独工作，通过三通阀进行通断和比例分配。

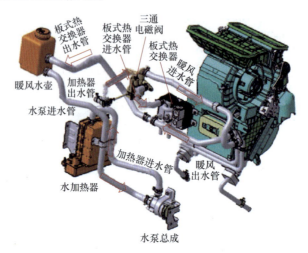

图 4-30　加热系统的结构

3）驾驶室加热循环控制：当驾驶室需要制热暖风时，如图 4-31 所示，制热靠 PTC 来实现，制热循环为加热控制器控制加热循环水泵工作→液体经 PTC 加热后流进三通阀，热管理控制器控制三通电磁阀 1、2 号管路接通→液体流入空调箱的加热芯体，实现采暖。当不需电池加热时，三通阀 3 号不接通，防止流入电池热交换器。

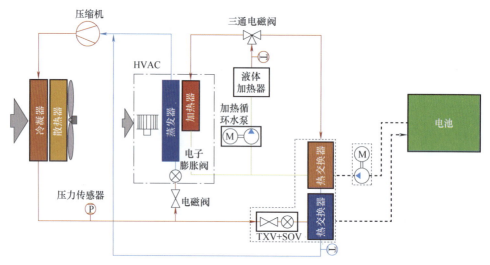

图 4-31　热管理加热循环控制

（2）电驱系统热管理　如图 4-32 所示，北汽 EU5 电驱系统热管理系统是独立系统，不与其他系统关联。电驱系统热管理主要是保持电驱系统合适的温度，其由电机控制器、DC/DC、充电机和驱动电机组成。当车辆处于负荷工况时，电机控制器、DC/DC、充电机、驱动电机工作时会发热，若不加以冷却，将影响驱动系统正常工作。驱动电机和电机控制器采用水冷方式，电机体内设置有冷却液道，通过冷却液的流动降温，防止驱动电机、电机控制器过热。当温度超过阈值时，电机流出的较高温度冷却液通过散热器与空气的热交换器降温，经过降温的冷却液再流经散热部件，以达到冷却的目的。冷却液的循环顺序为，水泵工作吸入膨胀水箱及电机控制器高温液体加压后→冷却液流入散热器→冷却后的水流入电机控制器完成冷却的循环，控制器通过反馈驱动系统冷却系统温度及电机、电机控制器的温度，从而控制散热器风扇、水泵工作。冷却水泵和冷却风扇为滞环控制，见表 4-4 和表 4-5，根据电机、IGBT、充电机、DC/DC 的温度控制冷却水泵和冷却风扇的开启。调速水泵和定速风扇的控制：在升温的过程中，如果温度高于"ON"对应的温度，则输出相应的水泵 PWM 值或风扇档位；在降温的过程中，如果低于"OFF"对应的温度，则输出低一档的水泵 PWM 值或风扇档位（PWM 最低值为 0）。

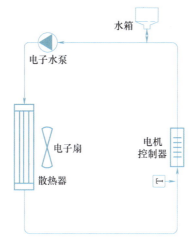

图 4-32　北汽 EU5 电驱系统热管理系统

表 4-4　调速水泵控制温度阈值

PWM duty 水泵占空比	车载充电机温度/℃		MCU (IGBT)/℃		DC/DC/℃		电机/℃		冷却液温度传感器/℃	
	ON	OFF	ON	OFF	ON	OFF	ON	OFF	ON	OFF
40%	30	27	25	20	35	32	50	45	45	42

表 4-5　定速风扇控制温度阈值

	车载充电机温度/℃	MCU (IGBT)/℃	DC/DC/℃	电机/℃	冷却液温度传感器/℃
低速风扇开启	80	55	75	75	45
低速风扇关闭	70	50	70	70	40
高速风扇开启	不开启	65	80	80	55
高速风扇关闭	不开启	60	75	75	50

（3）电池热管理系统　电池热管理循环包括冷却循环和加热循环。电池冷却循环的条件：BMS 监控动力蓄电池的温度，当单体电池 $T_{max} \geq 40℃$ 时，BMS 将控制电池采取主动均衡，并控制压缩机自动启动。电子膨胀阀打开，冷却循环如图 4-33 所示，压缩机→冷凝器→电子膨胀阀→蒸发器→压缩机，动力蓄电池冷却液→动力蓄电池冷却液循环水泵→热交换器→冷却交换器→动力蓄电池，动力蓄电池冷却液通过冷却交换器进行热交换降温，实现冷却液降温。在驾驶室不需要制冷时，电磁阀关闭，切断通向蒸发器的制冷回路。当电池不需要冷却时，电子膨胀阀关闭，切断流向热交换器的回路。当单体电池温度 $T_{max} \leq 35℃$ 时，压缩机停止工作、电池冷却停止。电池包冷却目的：改善高温状态下的车辆行驶动力性能。

电池加热循环控制：制热系统由加热循环水泵、液体加热器 PTC、三通电磁阀、热交换器组成。当动力蓄电池最低温度小于规定值时，加热回路利用液体加热器 PTC 来为冷却液加热。控制器控制加热循环水泵启动、PTC 加热器工作，热管理控制器控制三通电磁阀 1 号、3 号管路接通，制热循环为：热循环水泵→液

课堂笔记

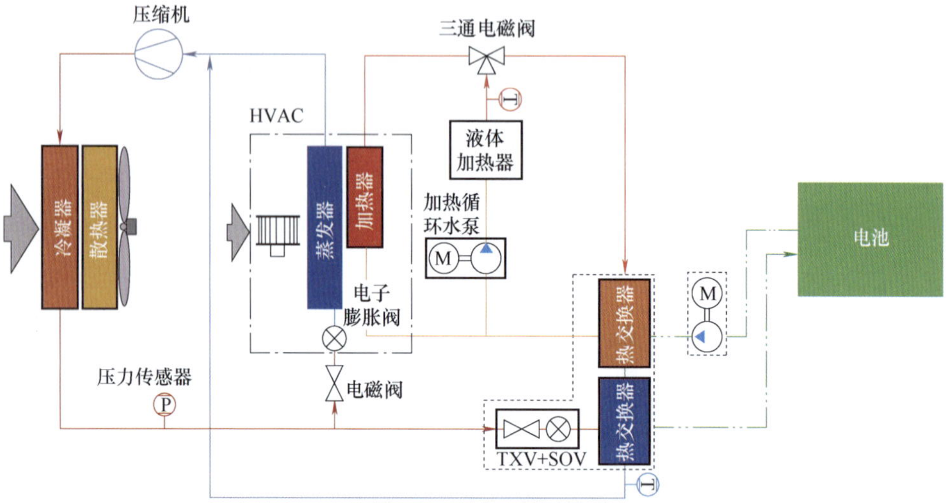

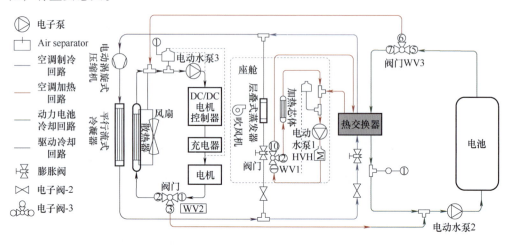

图 4-33 冷却循环

体加热器 PTC→三通电磁阀 1-3→热交换器→热循环水泵。动力蓄电池冷却液循环：加热后的 PTC 电加热冷却液与动力蓄电池冷却液在热交换器中进行热量交换，将热量传给动力蓄电池冷却液。动力蓄电池加热循环：动力蓄电池冷却液→动力蓄电池冷却液循环水泵→热交换器→冷却交换器→动力蓄电池，动力蓄电池冷却液通过冷却交换器进行热交换降温，实现冷却液降温。动力蓄电池冷却液循环与加热循环通过热交换器并联，实现动力蓄电池的加热。制热靠 PTC 来实现，制热循环为加热控制器控制加热循环水泵工作→使液体流入 PTC 液体加热器加热后的液体→流进三通阀，热管理控制器控制三通电磁阀 1、2 号管路接通→液体流入空调箱的加热芯体，实现供暖。当不需电池加热时，三通阀 3 号不接通，防止流入电池热交换器。

2. 吉利帝豪 EV450 热管理系统控制回路分析

整车热管理系统分为三个部分，即驾驶室回路的热管理、电池系统回路热管理，以及控制动力系统热回路管理，如图 4-34 所示。动力冷却系统的作用是对电池、电机、控制器及充电机等车辆关键部件进行冷却或加热，使其保持在适当工作温度范围内，冷却或加热性能直接影响零部件的性能表现，对于提升动力经济性，有重要意义。

图 4-34 驾驶室回路的热管理系统图

（1）驾驶室热管理　驾驶室热管理主要实现驾驶室的制冷与加热两种功能；如图 4-35 所示，制冷系统由电动涡旋式压缩机、平行流式冷凝器、层叠式蒸发器和 H 型膨胀阀等组成，采用的制冷剂是 R134a。在 H 型膨胀阀的前端设置有制冷管路电磁阀，在驾驶室不需要制冷时，电磁阀关闭，切断通向蒸发器的制冷回路。驾驶室制热靠 PTC 来实现。需要制热时，热管理控制器控制 PTC 加热器（HVH）工作，控制三通电磁阀 WV1 的 1、2 号管路接通，PTC 加热水泵驱使经 PTC 加热后的冷却液流进空调箱的加热芯体，实现供暖。

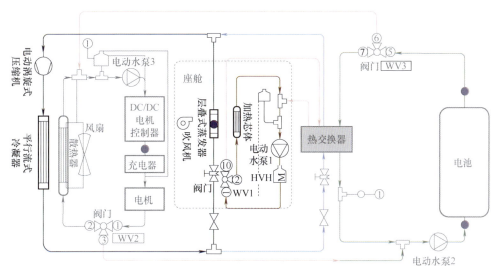

图 4-35　驾驶室热管理原理图

（2）电驱系统回路热管理　电机控制器核心元件 IGBT 工作、车载充电机充电、驱动电机大负荷工作时会发热，若不加以冷却，驱动电机系统将无法正常工作。驱动电机和电机控制器冷却采用水冷方式，电机机体内设置有冷却液道，通过冷却液的流动降温，防止驱动电机、电机控制器过热。电驱系统热管理主要包括电机控制器/DC/DC、充电机、电机、三通阀、散热器、膨胀水壶，如图 4-36 所示；电机流出的较高温度冷却液通过散热器与空气的热交换降温，经过降温的冷却液再流经散热部件，达到冷却的目的。冷却液的循环顺序为，水泵工作吸膨胀水箱的冷却液加压流入电机控制器/DC/DC→充电机→电机→三通阀→散热器→三通阀→膨胀水壶→电动水泵 3。

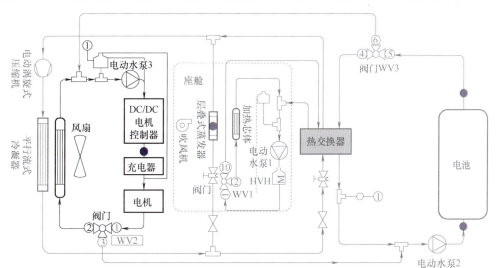

图 4-36　电驱系统回路热管理

（3）电池热管理系统回路　电池热管理根据不同的工况采用冷却回路、加热回路和电驱动加热回路对动力蓄电池进行热管理。动力蓄电池冷却回路通过热交换集成模块引入驾驶室制冷系统，来为动力蓄电池降温，如图 4-37 所示。BMS 根据监测到的动力电池包进出口冷却液温度及单体电池温度情况，当需要启动制冷系统对动力蓄电池进行降温时，热管理控制器控制热交换器电磁阀打开，启动电动空调压缩机进行制冷循环，此时热交换器中的制冷剂回路相当于蒸发器。同时，热管理控制器控制三通电磁阀 WV3 的 5 号、7 号管路接通，电动水泵 2 运转促使动力蓄电池冷却液流进热交换器，将热量传给制冷系统。热管理控制器根据动力蓄电池温度状态的变化调节制冷量和水泵的转速，精确控制动力蓄电池的温度。

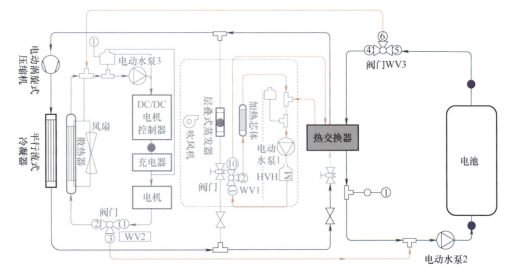

图 4-37　电池冷却原理图

当动力蓄电池最低温度低于 -10℃ 时，动力蓄电池加热回路利用驾驶室的电加热PTC 来为动力蓄电池供热，如图 4-38 所示。热管理控制器控制三通电磁阀 WV1 的 1 号、10 号管路接通，三通电磁阀 WV3 的 5 号、7 号管路接通，启动 PTC 加热器、电动水泵 1 和电动水泵 2。PTC 电加热冷却液流动顺序为电动水泵 1→PTC 加热器→三通电磁阀 WV1→热交换器→电动水泵 1。加热后的 PTC 电加热冷却液与动力蓄电池冷却液在热交换器中进行热量交换，将热量传递给动力蓄电池冷却液，为动力蓄电池加热。

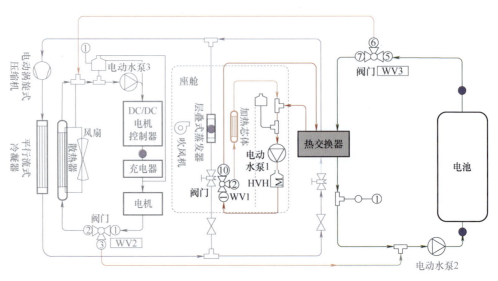

图 4-38　PTC 电池加热原理图

当动力蓄电池有加热需求，且最低温度低于 −10℃ 时，动力蓄电池加热采用电驱动加热回路，利用电动汽车运行过程中电驱动系统产生的热量来为动力蓄电池加热，可有效降低动力蓄电池非驱动电耗，如图 4-39 所示。热管理控制器控制三通电磁阀 WV2 的 1 号、3 号管路接通，控制三通电磁阀 WV3 的 5 号、6 号管路接通，同时，启动电动水泵 2 和电动水泵 3，促使电驱动系统冷却回路的高温冷却液流向动力蓄电池，对动力蓄电池进行加热。

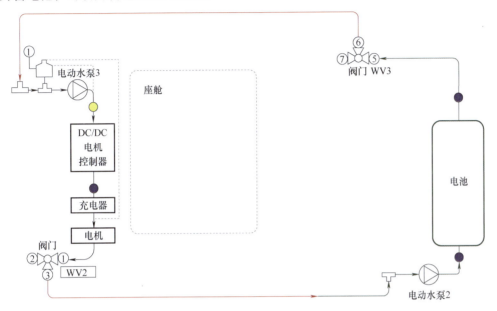

图 4-39　电驱回路加热电池回路原理图

（4）热管理电池回路控制策略

1）车辆在交流充电、直流充电、智能充电、行车过程中（包括车速为 0）都可以启动热管理对动力蓄电池加热或冷却。

2）在冷却系统中，BMS 根据单节电池最高温度（下面简称电池最高温度）发送热管理控制信号，包括"冷却""匀热"和"关闭"。

3）在加热系统中，BMS 根据单节电池最低温度（下面简称电池最低温度）发送热管理控制信号，包括"加热""匀热"和"关闭"。

4）快充及慢充：VCU 直接转发 BMS 的热管理请求。

5）行车：在行车状态下，VCU 接收到 BMS 发送的加热需求后，需要根据当前电池温度、暖风状态、车速等条件进行再次逻辑判断，从而发送不同热管理请求至 AC 控制器。

6）车辆处于 ON 档电非充电状态下时，当动力蓄电池单体温度超过上限值 55℃，车辆不进行动力蓄电池冷却。

7）电池温度监测由 BMS 完成，BMS 根据动力蓄电池单体温度判定动力蓄电池是否启动冷却，并发送冷却请求给 VCU，VCU 转发 BMS 上述信号至 ATC 空调控制器。

8）一般情况下，压缩机和动力蓄电池水泵、加热水泵由 ATC 控制，风扇、电驱水泵由 VCU 控制。但是，当面板给 VCU 发送压缩机开机请求和功率请求，风扇低速运转。当面板给 VCU 发送风扇高速请求，VCU 控制风扇高速运转。

3. Model S 热管理系统循环控制

（1）结构功能及特点　特斯拉第一代热管理技术路线应用在 Model S/X 上，和国内各家厂商一样，把整车热管理分成电池、电机和汽车空调三大管理回路。其中，

Model S 回路有电池冷却、电池加热、座舱热管理、电机电控冷却四大功能。从热功能元件来看，整车是电池冷却器+空冷 PTC（Chiller+A-PTC）的双能系统，可以通过 PTC 和电机余热的方式给驾驶室和电池包加热。第一代热管理技术路线相对通用基础方案的变化主要体现在：第一，通过新增四通阀实现了电机热管理回路和电池热管理回路的串联，也就是引入了电机余热回收功能，实现将电机多余热量导入电池回路功能；第二，采用了两组冷凝器+电子风扇的组合，其考虑主要是高端车驾驶室温度控制及保障舒适性；第三，其空调制暖回路采用一个集成的 A-PTC+蒸发器。图 4-40 所示为热管理系统循环控制图。

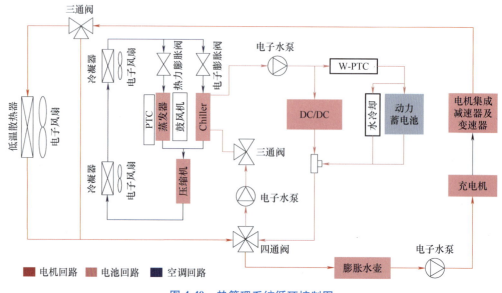

图 4-40　热管理系统循环控制图

（2）汽车空调回路分析　制热路径：A-PTC（风冷 PTC）→鼓风机→驾驶室。制冷路径：压缩机→冷凝器（电子风扇）→热力膨胀阀（打开）→蒸发器→压缩机。

汽车空调主要为驾驶室加热或者冷却。当驾驶室需要加热时，此时回路不循环，压缩机不工作，A-PTC 通电并放热，紧贴 A-PTC 的鼓风机（回路中未画出）将外部风吹至 A-PTC 上，经加热后吹出热风至驾驶室内。当驾驶室需要冷却时，此时 A-PTC 不工作，制冷剂经压缩机抵达蒸发器并吹出冷风后产生冷量，经截止阀、蒸发器并回到压缩机，完成循环。

（3）电池热管理回路分析　加热路径：电子水泵→三通阀（左侧关，上侧开）→电子水泵→W-PTC（加热状态）→电池（电池水冷板）→四通阀（左侧和下侧关闭）→电子水泵。冷却路径：电子水泵→三通阀（左侧开，上侧关）→热交换器（与空调制冷回路发生热交换进行冷却，电子膨胀阀处于打开状态，控制流经制冷剂流量）→电子水泵→W-PTC（关闭状态）→电池（电池水冷板）→四通阀（左侧和下侧关闭）→电子水泵。当电池需要加热时，冷却液从电子水泵开始，经 W-PTC 流过紧贴电池的水冷板，最后再经过四通阀、水泵、三通阀后回到最初的电子水泵，完成回路的循环。此外，Model S 还可以通过调整四通阀导向，将电机回路和电池回路串联，实现电机余热回收。当电池需要冷却时，水路从电池冷却器热交换器开始，经电子水泵、W-PTC（此时不工作）流经水冷板，给电池降温；之后再流过四通阀、电子水泵、三通阀并回到 Chiller，完成回路的循环。

（4）电机热管理回路分析　冷却路径：电子水泵→充电机→电机集成减速器及逆变器→三通阀（左侧开，下侧关）→低温散热器（电子风扇）→四通阀（上侧和右侧关，左侧和下侧开）→膨胀水壶→电子水泵。电机工作时温度较高，主要需求是冷却。当电机电控和充电机需要冷却时，冷却液从低温散热器出发，流经四通阀、电子水泵后经过功率元件并带走热量，最后经三通阀后回到低温散热器，完成循环。

四、故障诊断检修实施

1. 验证症状

1）车辆问诊。首先向车主询问车辆的基本状况，车辆在什么时间、什么工况下出现的故障现象，之前是否出现过类似情况，在北汽新能源维修服务系统中调取该车的维修维护记录。

2）确认故障现象。运用故障再现的方法，操控车辆上电，动态测试车辆，挂入 D 位加大电机负荷，直至使仪表出现"电机过热"故障提示，如图 4-41 所示，风扇常转，检查车辆此时是否能够"READY"。

图 4-41　仪表故障灯点亮图片

2. 故障预诊和基本检查

1）故障预诊。首先检查冷却液液位是否正常，排除冷却液过少导致冷却不良。然后使用北汽新能源专用故障诊断仪读取故障码，如图 4-42 所示，借助诊断仪读取故障数据，驱动系统水泵控制中故障码，系统提示"P184313-水泵电机开路故障"，查看相关数据流。

a) 故障码

序号		名称		数据值	单位
1	☐	水泵故障状态	●	开路故障	
2	☐	低压供电电源电压	●	13	V
3	☐	水泵电机电流	●	0	A
4	☐	风扇故障状态	●	车辆不支持	
5	☐	温度传感器1温度值	●	24	℃

b) 数据流

图 4-42　故障数据

2）基本检查。根据故障码的提示，进行动力系统热管理控制系统基础检查，如图 4-43 所示，管路检查，检查冷却液液位、冷却管路连接、冷却风扇运转状态、散热器无脏污堵塞等，热管理系统正常。插头检查，还应检查控制电路中的熔丝是否正常。使用万用表测量熔丝的端电压，熔丝正常。基本检查未发现异常。

a) 管路检查　　　　　　　b) 插头检查　　　　　　　c) 熔丝检查

图 4-43　基本检查

> **注意：** 检查风扇、管路连接、插头，安装时防止风扇启动；有可能触碰到高压系统时要佩戴绝缘手套，进行高压断电。

3. 故障分析

（1）查询维修手册查找故障码　获取故障发生的条件和故障码产生的机理，分析产生的可能原因可能为供电故障、通信故障、线束故障、水泵故障、水泵控制模块故障。故障时的数据流显示水泵状态为断路故障，冷却液温度传感器温度为 24℃，如图 4-44 所示，初步判断为水泵控制器及相关控制电路可能存在故障，具体再来分析一下系统控制电路。

🏠 >> EU5 〉 EU5 Z01 〉手动选择〉驱动系统水泵控制器(EWP_FD) 〉数据流选择〉数据流显示〉

序号		名称		数据值	单位
1	☐	水泵故障状态	〰	断路故障	
2	☐	低压供电电源电压	〰	13	V
3	☐	水泵电机电流	〰	0	A
4	☐	风扇故障状态	〰	车辆不支持	
5	☐	温度传感器I温度值	〰	24	℃

录制	波形	参考值	报告

图 4-44　诊断仪数据

（2）通过分析电路图得知，如图 4-45 所示，可知以下信息：

1）电机水泵控制器控制电路由电源供电 T10w/1、搭铁 G206，高速风扇控制 T10w/2、低速风扇控制 T10w/8，EVBUS CAN-LT10w/6、CAN-HT10w/7，P02 冷却液温度传感器、信号-T10w/10、信号+T10w/4 组成。

2）驱动电机冷却水泵与水泵控制器集成为一体，冷却液温度传感器向水泵模块传递信号，散热风扇由水泵控制模块控制，驱动电机控制器通过 EVBUS 向水泵控制器传递 IGBT 温度和电机温度信号，由 BMS 控制电机水泵工作电源。

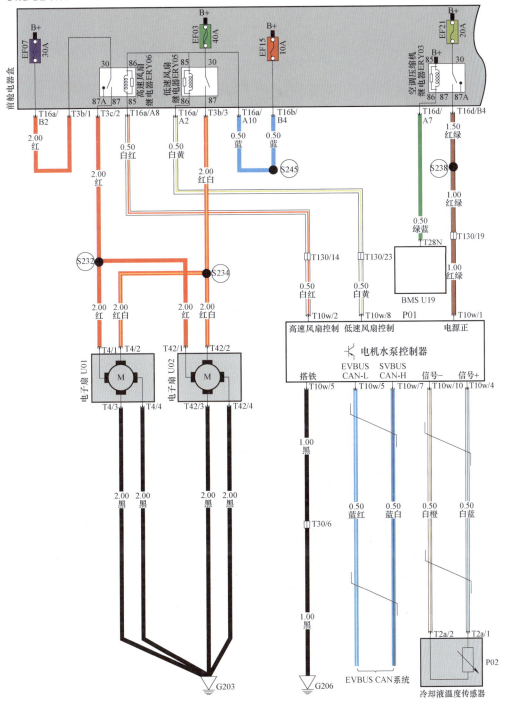

冷却风扇/EWP-FD电子水泵控制系统接线图
C40D-DL-1014

图 4-45　电子水泵控制电路图

　　3）T10w/1 为 P01 供电正极电路：电流流向为蓄电池 B+→EF21 熔丝经→继电器 ERY03→T10w/1 电源正。继电器受控于 BMSU19，当 T10w/1 供电电路异常时，P01 将工作异常，导致水泵和电子扇运转异常。

　　4）P02 冷却液温度传感器为负温度系数热敏电子传感器，当传感器信号异常时，将使电子扇工作异常，影响冷却效果。

　　5）EVBUS CAN-LT10w/6、CAN-HT10w/7 为通信传输，当异常时，导致电机水泵控制器与电机控制器信号传输异常，导致电机水泵运转异常。

6）高速风扇控制 T10w/2、低速风扇控制 T10w/8 为风扇控制信号。分别控制继电器 ERY06、继电器 ERY05，当控制信号异常时，将影响风扇工作，影响冷却效果。

图 4-46　P01 实车位置

7）P01 插接件所在实车位置如图 4-46 所示。P01 端子定义如图 4-47 所示。

电机水泵控制器(P01)

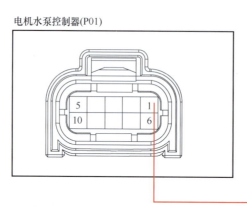

	1897726-2（护套）
	1241380-3（端子0.5~1.0）
	964971-1（防水栓0.35~0.5）
	964972-1（防水栓1.0）
	963531-1（盲栓）
端子编号	定义
1	电源正
2	高速风扇控制
3	—
4	信号+
5	搭铁
6	EVBUS CAN-L
7	EVBUS CAN-H
8	低速风扇控制
9	—
10	信号–

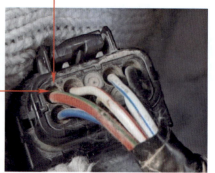

实车端子

图 4-47　P01 端子定义

（3）故障产生的范围　通过预诊断和分析系统电路图，确定有可能的故障范围如图 4-48 所示。

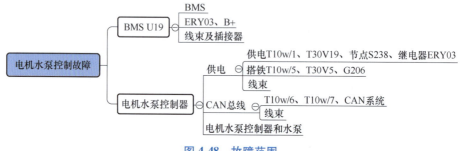

图 4-48　故障范围

4. 诊断排故

（1）诊断分析　通过验证车辆的故障现象和预诊断故障数据分析，可初步判断该车辆为电驱动系统热管理系统的相关故障。该车的故障现象和故障码具有一致性，根据故障码优先的排故原则，所以先考虑排查故障码相关的故障。通过完成电路的分析，依据效率优先的原则梳理检测思路，下一步实施检测诊断。

1）车辆高压上电正常，可以正常充电，初步判断动力系统功能性正常。

2）诊断仪检查 MCU、BMS 模块通信正常，模块的供电电源和通信相关故障初步可以排除。

3）冷却液温度显示数值正常，冷却液温度传感器状态正常。

4）故障检测的范围进一步缩小至电机水泵控制器、水泵及控制电路。

（2）诊断流程　故障诊断流程图如图 4-49 所示。

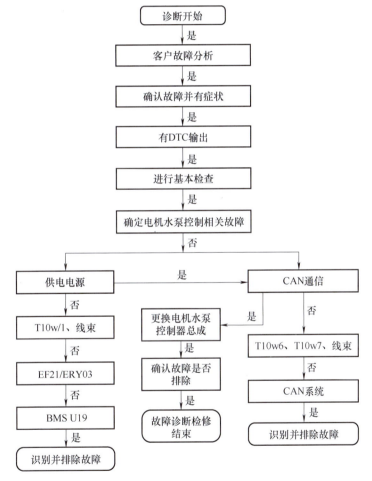

图 4-49　故障诊断流程图

（3）故障诊断　根据电路图，如图 4-50 所示，拔下电机水泵控制器插接器进行测量。

检查电机水泵控制器供电，断开水泵模块插接器，起动车辆，如图 4-51 所示，测量 T10w/1 与 T10w/5 之间的电压，标准值为+B，证明电机水泵控制器供电和搭铁正常，BMSU19 控制正常。如不正常，则分别测量 T10w/1 与车身搭铁的电压标准值为+B，车辆下电，断开蓄电池负极，测量 T10w/5 与车身电阻标准值为 1Ω 左右。BMSU19 控制继电器电路是否正常。确定供电与搭铁的状态正常。下一步检查 EV-BUSCAN CAN-L、CAN-H 是否正常。

课堂笔记

图 4-50　插接器

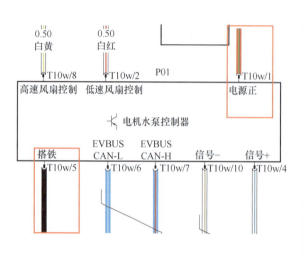

图 4-51　检查电机水泵控制器电源

测量 EVBUSCAN CAN-L 电压，如图 4-52 所示，水泵模块插接器 T10w/6 使用背针，万用表测量电压为 2.29V，测量结果无异常。万用表测量 CAN-H 电压高信号电压，拔下水泵模块插接器，T10w/6 端子对车身电压为 2.76V，测量结果无异常。还可以通过测量波形的方法判断 CAN 系统的工作状态是否正常。

冷却水泵模块通过 PWM 方式驱动水泵，根据各系统部件温度不同调整水泵转速，改变循环效率，并控制低速和高速风扇运转。

当温度达到水泵运转阈值时，水泵先进行循环散热，当温度继续上升达到低速风扇运转阈值时，水泵模块控制低速风扇运转，当温度达到高速运转阈值时，水泵模块控制高速风扇运转，当冷却水泵电机故障不能工作时，IGBT 为大功率电气元件升温速度较快，车辆行驶状态，温度超过 85℃ 驱动电机控制器限制功率输出，当温度超过 95℃ 时，驱动电机控制器控制零功率输出。各阈值参照表 4-6。

表 4-6　温度控制阈值

序号	系统参数	设定值	说明
1	电机过热	报警：125℃ 故障：135℃	电机温度超过 125℃，系统报警，同时进行限功率，可继续运行 电机温度超过 135℃，系统报故障，要求整车断强电
2	控制器过温	报警：85℃ 故障：95℃	控制器温度超过 85℃，系统报警，同时进行限功率，可继续运行 控制器温度超过 95℃，系统报故障，要求整车断强电

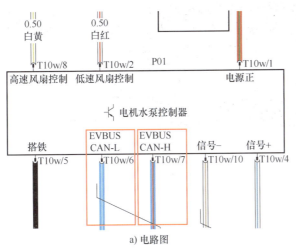

0.50
白黄

0.50
白红

P01

T10w/8   T10w/2   T10w/1
高速风扇控制   低速风扇控制   电源正

电机水泵控制器

搭铁   EVBUS   EVBUS   信号−   信号+
CAN-L   CAN-H

T10w/5   T10w/6   T10w/7   T10w/10   T10w/4

a) 电路图

b) CAN信号电压

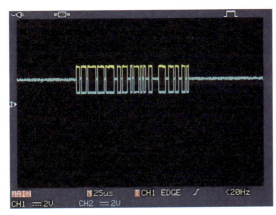

c) CAN信号波形

图 4-52   检查电机水泵控制器 CAN 通信

课堂笔记

　　检测结果分析，电机水泵控制器电源正常，驱动电机水泵控制器 CAN 通信正常，通过排除法判断模块或者水泵自身故障，接下来更换水泵模块总成。

　　（4）故障排除

　　1）更换水泵控制器总成。如图 4-53 所示，仪表显示正常，重新读取故障码和数据流，故障码已经清除，数据流正常。进行路试，并模拟工况，故障现象已经消失没有再现，车辆行驶状态正常。

　　2）竣工检查，最后检查，场地 5S，交车。

项目四　新能源汽车行驶异常故障诊断检修

图 4-53　仪表和数据流

5. 故障机理

冷却水泵模块通过 PWM 方式驱动水泵，根据各系统部件温度不同调整水泵转速，改变循环效率并控制低速和高速风扇运转。当温度达到水泵运转阈值时，水泵先进行循环散热，当温度继续上升达到低速风扇运转阈值时，水泵模块控制低速风扇运转，当温度达到高速运转阈值时，水泵模块控制高速风扇运转，当冷却水泵电机故障不能工作时，IGBT 为大功率电气元件，升温速度较快，车辆行驶状态，温度超过 85℃，驱动电机控制器限制功率输出，当温度超过 95℃时，驱动电机控制器控制零功率输出。

参 考 文 献

［1］邹明森. 动力电池管理及维护技术［M］. 北京：高等教育出版社，2021.

［2］唐晓丹，庞晓莉，吕灶树. 动力电池及能量管理技术［M］. 上海：华东师范大学出版社，2021.

［3］孔超. 纯电动汽车电池及管理系统拆装与检测［M］. 北京：机械工业出版社，2022.

［4］吴海东，袁牧，苏庆列. 新能源汽车动力电池及管理系统检修［M］. 北京：机械工业出版社，2023.

［5］张利. 新能源汽车驱动电机与控制技术［M］. 2 版. 北京：人民交通出版社股份有限公司，2022.

新能源汽车故障诊断技术

工作页

目　　录

新能源汽车低压供电系统故障诊断检修

工作日期： 年 月 日	工位：
姓名：	用时： 分 秒

一、温旧识

1. 温习电动汽车电路识读方法。
2. 温习电动汽车符号含义。

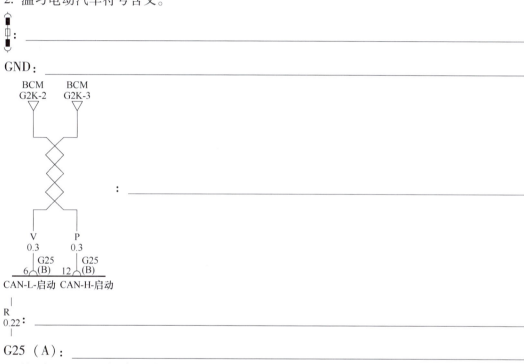

：_____

GND：_____

：_____

R
0.22：_____

G25（A）：_____

3. 找到比亚迪 e5 轿车有多少个熔丝盒，都安装在什么位置？

4. 操作实验车辆找到 F2/33 熔丝控制哪些指示灯？

二、引案例

1. 观看案例视频，明确工作任务。

王先生的 2019 款比亚迪 e5 已经行驶了 2 万 km，某日下电后再次起动车辆，发现仪表只有少量几个指示灯，车辆不能上电，拨打 4S 店救援电话，请给予解决。

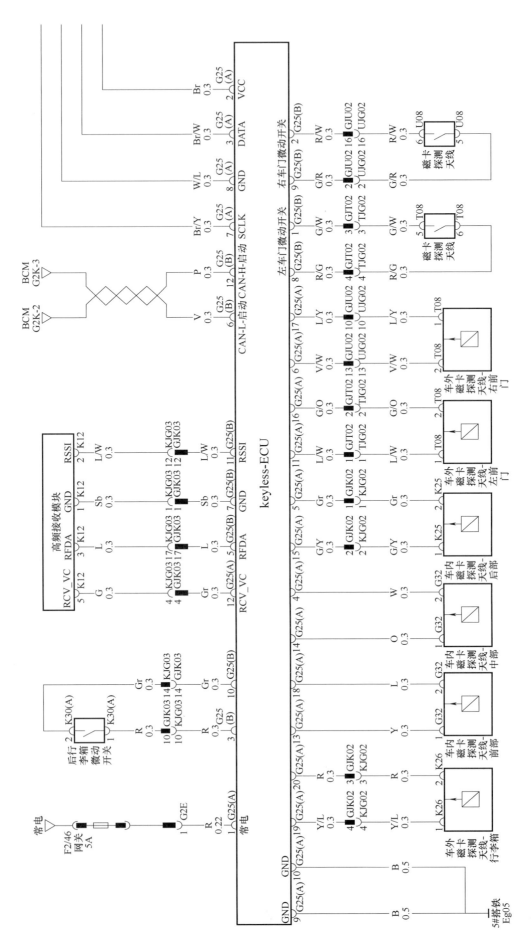

2

　　2. 填写车辆基本信息。

作业项目	作业内容
整车型号	
工作电压	
电池容量	
车辆识别代码	
电机型号	
里程表读数	
车辆能否 OK	
客户反映	

　　3. 车辆出现什么故障?

　　4. 你的工作任务是什么?

三、验症状

　　1. 实操验证整车故障现象，确认仪表显示、整车状态。
　　2. 填写工作页。

作业项目	作业内容	备注
车辆能否正常上电		
确认仪表显示		
※确认故障症状并记录症状现象		

四、预诊断

　　1. 读取整车故障码和数据流。
　　2. 根据维修手册标准，对异常数据进行分析。
　　3. 完成车辆基本检查。
　　a. 做好高压安全防护和断电流程。
　　b. 实操车辆基本检查操作，并注意安全事项。
　　4. 填写任务工作页。

作业项目	作业内容				备注
读取故障码及模块通信状态					
正确读取数据	项目	数值	单位	判断	※如果无相关数据，则无须填写
清除故障码并再次读取	确认故障码是否再次出现，并填写结果 □无 DTC □有 DTC：				
车辆基本检查	电路/插接器外观及连接情况 □正常 □不正常 ＿＿＿＿＿＿＿＿＿ 零件安装等 □正常 □不正常 ＿＿＿＿＿＿＿＿＿ 其他 □正常 □不正常 ＿＿＿＿＿＿＿＿＿				※不拆装

五、收信息

1. 自主查阅工作手册，认知低压供电系统各部件，并在实车上找到部件安装位置，绘制出该车低压供电系统的元件位置图。

2. 理解新能源汽车低压上电流程。
1）绘制比亚迪 e5 新能源汽车低压上电流程图。

2）绘制继电器的电气图形符号，叙述继电器的工作原理。

3）新能源汽车低压电源供给是将动力蓄电池的电能通过 DC/DC 进行转变为 12V 低压电源。（　　）

4）下面说法错误的是（　　　）。

A. 传统燃油汽车交流发电机利用发动机的旋转发电，发出的电提供给用电器并为蓄电池充电

B. 纯电动汽车以动力蓄电池为电源，能够利用 AC/AC 变换器为低压蓄电池充电，从而可以省去原来的交流发电机。

C. 纯电动汽车的电源分为主电源和辅助电源

D. 纯电动汽车的辅助电源（低压的铅酸蓄电池）是指车载各种仪表、控制系统提供的直流低压电源

六、找原因

　　通过分组讨论分析故障原因和制订检修低压供电系统故障方案，具备团队合作能力、分析问题和解决问题的能力，提高逻辑思维能力。

1. 根据故障案例，小组讨论，共同分析原因，画出故障树。
2. 小组分享故障树。
3. 倾听教师和企业导师点评。
4. 小组补充完善故障树，完善工作页。
5. 小组共同讨论确定最有可能的故障范围，完善工作页。

作业项目	作业内容	备注
分析故障原因	分析案例中产生故障的可能原因，并画出故障树	
确定故障范围	结合仪表现象、诊断数据和电路图分析，确定最有可能的故障范围	

七、定计划

1. 查阅维修手册，确定相关部件插接件的端子。
2. 分析故障诊断方法。

3. 小组讨论，制订检修流程，完成工作页。

	序号	工作内容	使用工具	标准值	注意事项
工作计划					

4. 展示工作计划。

八、做诊断

诊断过程中，要时刻谨记具有牢固的安全和责任意识，严格遵照企业高压安全操作的注意事项进行操作。

实施故障诊断方案，同时记录数据填写工作页，分析检测数据，确定故障点。

作业项目	作业内容			备注
部件/电路测试	部件/电路范围	检查或测试后的判断结果		※注明测试条件、插件代码和编号，控制单元端子代号以及测量结果
		□正常	□不正常	
		□正常	□不正常	
		□正常	□不正常	
		□正常	□不正常	
		□正常	□不正常	
		□正常	□不正常	
		□正常	□不正常	
		□正常	□不正常	
		□正常	□不正常	
		□正常	□不正常	
	波形采集（不用者不填）	□正常	□不正常	

九、析机理

培养学生的安全、规范、服务、责任意识和精益求精的工作作风以及严谨求实的劳动态度。

1. 小组讨论，分析故障机理，完成工作页。
2. 小组展示讨论结果。

作业项目	作业内容	备注
分析机理	分析故障机理,提出维修建议 故障机理可能原因: 维修建议	

3. 倾听和反思,分析问题,及时修正,填写评价表。

十、排故障

1. 排除低压供电系统异常故障、竣工检查和5S管理,完成工作页。

作业项目	作业内容			备注
排除故障	故障类型	确认的故障位置	排除处理说明	
	电路故障		□更换 □维修 □调整	
	元件故障		□更换 □维修 □调整	

2. 扮演客户和维修接待角色,模拟交付车辆,与客户有效沟通。

十一、评结果

1. 书写诊断报告。
与其他同学分享经验。
2. 总结。
1) 绘制思维导图,梳理本次课程所学知识点(另附纸)。
2) 小组代表展示思维导图。
3) 补充完善思维导图。
3. 评估。
1) 小组讨论,对本次工作任务整体环节总结、反思,归纳需要具体修正提高哪些方面、采取哪些措施。

_____

_____

_____

2) 完善评价表。

新能源汽车低压供电系统故障诊断检修			实习日期：			
姓名：		班级：	学号：		导师签名：	
自评：□熟练　□不熟练		互评：□熟练　□不熟练	师评：□合格　□不合格			
日期：		日期：	日期：			

新能源汽车低压供电系统故障诊断检修【评分细则】

序号	评分项	得分条件	分值	评分要求	自评	互评	师评
1	温旧识	□回顾知识情况 □预习低压供电系统新知情况	6	未完成1项扣3分	□熟练 □不熟练	□熟练 □不熟练	□合格 □不合格
2	引案例	□围绕客户任务能专业、清楚地表达，条理分明，能让对方听懂 □能理解低压供电系统故障案例，明确工作任务 □注重使用文明用语	9	未完成1项扣3分	□熟练 □不熟练	□熟练 □不熟练	□合格 □不合格
3	验症状	□能确认低压供电系统故障现象 □体现严谨的劳动态度和职业素养	6	未完成1项扣3分	□熟练 □不熟练	□熟练 □不熟练	□合格 □不合格
4	预诊断	□能运用诊断仪读取故障码和数据流 □能正确分析数据结果 □能对车辆进行规范的基本检查	10	未完成1项扣3分	□熟练 □不熟练	□熟练 □不熟练	□合格 □不合格
5	收信息	□能快速、准确查阅检索所需资料 □理解低压供电系统控制原理和策略 □谈话过程流畅可以控制并体现友善合作意识	10	未完成1项扣3分	□熟练 □不熟练	□熟练 □不熟练	□合格 □不合格
6	找原因	□能主动参与团队活动和解决问题 □能分析和完善故障原因 □认真倾听，对问题有合理的反映	10	未完成1项扣3分	□熟练 □不熟练	□熟练 □不熟练	□合格 □不合格
7	定计划	□能依据维修手册制订和完善低压供电系统检修方案 □每一个步骤都包括物料、工具、测量仪器、测量内容和标准值等 □考虑时间控制、成本核算、安全与环保等	10	未完成1项扣3分	□熟练 □不熟练	□熟练 □不熟练	□合格 □不合格
8	做诊断	□正确使用检测工具与设备 □能独立地、有针对性地完成低压供电故障诊断，且检测的部位、方法和步骤正确 □能正确分析检测数据，确定故障点 □遵守工作安全和环保法规	13	未完成1项扣3分	□熟练 □不熟练	□熟练 □不熟练	□合格 □不合格
9	析机理	□能主动参与团队活动、分析问题、解决问题 □能够思路清楚地分析故障机理	7	未完成1项扣3分	□熟练 □不熟练	□熟练 □不熟练	□合格 □不合格

序号	评分项	得分条件	分值	评分要求	自评	互评	师评
10	排故障	□能规范地排除低压供电系统故障 □积极主动完成车辆清洁、整理、整顿和恢复 □能在检修工作中坚守岗位，对客户负责	10	未完成 1 项扣 3 分	□熟练 □不熟练	□熟练 □不熟练	□合格 □不合格
11	评结果	□能规范、正确地编写诊断报告 □能对课程所学知识进行总结 □客观评价反思自己和其他同学的专业知识、专业能力和学习态度等	9	未完成 1 项扣 3 分	□熟练 □不熟练	□熟练 □不熟练	□合格 □不合格
总分：							

新能源汽车启动系统故障诊断检修

工作日期： 年 月 日	工位：
姓名：	用时： 分 秒

一、温旧识

1. 温习汽车防盗系统的组成。
2. 温习新能源汽车防盗验证流程。

二、引案例

1. 观看案例视频，明确工作任务。

王先生的 2019 款比亚迪 e5 已经行驶了 2 万 km，最近发现智能钥匙系统功能失效，在车外无法解锁车辆，只能使用机械钥匙打开车门，拨打 4S 店救援电话，请给予解决。

> 为客户诊断与排除启动系统故障，培养学生安全操作意识和安全使用车辆的生活习惯。

2. 填写车辆基本信息。

作业项目	作业内容
整车型号	
工作电压	
电池容量	
车辆识别代码	
电机型号	
里程表读数	
车辆能否 OK	
客户反映	

3. 车辆出现什么故障？

4. 你的工作任务是什么？

三、验症状

1. 实操验证整车故障现象，确认仪表显示、整车状态。
2. 填写工作页。

作业项目	作业内容	备注
车辆能否正常上电		
确认仪表显示		
※确认故障症状并记录症状现象		

四、预诊断

1. 读取整车故障码和数据流。
2. 根据维修手册标准，对异常数据进行分析。
3. 完成车辆基本检查。
a. 做好高压安全防护和断电流程。
b. 实操车辆基本检查操作，并注意安全事项。
4. 填写任务工作页。

作业项目	作业内容				备注
读取故障码及模块通信状态					
正确读取数据	项目	数值	单位	判断	※如果无相关数据，则无须填写
清除故障码并再次读取	确认故障码是否再次出现，并填写结果 □无 DTC □有 DTC：				
车辆基本检查	电路/插接器外观及连接情况 □正常 □不正常＿＿＿＿＿＿ 零件安装等 □正常 □不正常＿＿＿＿＿＿ 其他 □正常 □不正常＿＿＿＿＿＿				※不拆装

五、收信息

1. 自主查阅工作手册，认知智能钥匙系统各部件，并在实车上找到部件安装位置，绘制出车辆无钥匙进入的元件位置图。

2. 理解无钥匙进入工作原理。

1）绘制比亚迪 e5 无钥匙进入工作原理图。

2）叙述比亚迪 e5 无钥匙启动工作流程。

3. 智能钥匙没电一定不能启动车辆。（　　　）

4. 采用无钥匙功能解锁车门时，智能钥匙遥控器需要在距离前门车把手最大距离约（　　　）范围内。

A. 30cm   B. 50cm

C. 150cm   D. 300cm

5. 智能钥匙无法解锁车辆的原因可能是（　　　）。

A. 高频接收器损坏   B. 启动开关损坏

C. 门把手损坏   D. 仪表故障

六、找原因

通过分组讨论分析故障原因和制订检修无钥匙进入失效故障方案，具备团队合作能力、分析问题和解决问题的能力，提高逻辑思维能力。

1. 根据故障案例，小组讨论，共同分析原因，画出故障树。

2. 小组分享故障树。

3. 倾听教师和企业导师点评。

4. 小组补充完善故障树，完善工作页。

5. 小组共同讨论确定最有可能的故障范围，完善工作页。

作业项目	作业内容	备注
分析故障原因	分析案例中产生故障的可能原因，并画出故障树	

作业项目	作业内容	备注
确定故障范围	结合仪表现象、诊断数据和电路图分析，确定最有可能的故障范围	

七、定计划

1. 查阅维修手册，确定相关部件插接件端子。
2. 分析故障诊断方法。

_____

_____

_____

3. 小组讨论，制订检修流程，完成工作页。

	序号	工作内容	使用工具	标准值	注意事项
工作计划					

4. 展示工作计划。

八、做诊断

> 规范故障检测流程，完成故障诊断检修，培养学生的工匠精神、提高职业素养，注重工作效率。

实施故障诊断方案，同时记录数据填写工作页，分析检测数据，确定故障点。

作业项目	作业内容		备注
部件/电路测试	部件/电路范围	检查或测试后的判断结果	※注明测试条件、插件代码和编号，控制单元端子代号以及测量结果
		□正常　□不正常	
		□正常　□不正常	
		□正常　□不正常	
		□正常　□不正常	
		□正常　□不正常	
		□正常　□不正常	
		□正常　□不正常	
		□正常　□不正常	
		□正常　□不正常	
		□正常　□不正常	
		□正常　□不正常	
		□正常　□不正常	
		□正常　□不正常	
		□正常　□不正常	
	波形采集（不用者不填）	□正常　□不正常	

九、析机理

培养学生的安全、规范、服务、责任意识和精益求精的工作作风以及严谨求实的劳动态度。

1. 小组讨论，分析故障机理，完成工作页。
2. 小组展示讨论结果。

作业项目	作业内容	备注
分析机理	分析故障机理，提出维修建议 故障机理可能原因： 维修建议	

3. 倾听和反思，分析问题，及时修正，填写评价表。

14

十、排故障

1. 排除智能钥匙系统故障、竣工检查和 5S 管理，完成工作页。

作业项目	作业内容			备注
排除故障	故障类型	确认的故障位置	排除处理说明	
	电路故障		□更换 □维修 □调整	
	元件故障		□更换 □维修 □调整	

2. 扮演客户和维修接待角色，模拟交付车辆，与客户有效沟通。

十一、评结果

> 通过总结整个故障诊断过程、分析经验和成功，培养职业荣誉感。借助学习思维导图，梳理本次工作任务的知识体系，增强记忆，培育自身的学习能力和信息素养。

1. 书写诊断报告。

与其他同学分享经验。

2. 总结。

1）绘制思维导图梳理本次课程所学知识点（另附纸）。

2）小组代表展示思维导图。

3）补充完善思维导图。

3. 评估。

1）小组讨论，对本次工作任务整体环节总结、反思，归纳需要具体修正提高哪些方面？采取哪些措施？

_____

_____

_____

2）完善评价表。

新能源汽车启动系统故障诊断检修			实习日期：	
姓名：	班级：		学号：	导师签名：
自评：□熟练 □不熟练	互评：□熟练 □不熟练		师评：□合格 □不合格	
日期：	日期：		日期：	

新能源汽车启动系统故障诊断检修【评分细则】

序号	评分项	得分条件	分值	评分要求	自评	互评	师评
1	温旧识	□回顾知识情况 □预习智能钥匙系统新知情况	6	未完成 1 项扣 3 分	□熟练 □不熟练	□熟练 □不熟练	□合格 □不合格
2	引案例	□围绕客户任务能专业、清楚地表达，条理分明，能让对方听懂 □能理解智能钥匙系统故障案例，明确工作任务 □注重使用文明用语	9	未完成 1 项扣 3 分	□熟练 □不熟练	□熟练 □不熟练	□合格 □不合格

序号	评分项	得分条件	分值	评分要求	自评	互评	师评
3	验症状	□能确认智能钥匙系统故障现象 □体现严谨的劳动态度和职业素养	6	未完成1项扣3分	□熟练 □不熟练	□熟练 □不熟练	□合格 □不合格
4	预诊断	□能运用诊断仪读取故障码和数据流 □能正确分析数据结果 □能对车辆进行规范的基本检查	10	未完成1项扣3分	□熟练 □不熟练	□熟练 □不熟练	□合格 □不合格
5	收信息	□能快速、准确查阅检索所需资料 □理解智能钥匙系统控制原理和策略 □谈话过程流畅可以控制并体现友善合作意识	10	未完成1项扣3分	□熟练 □不熟练	□熟练 □不熟练	□合格 □不合格
6	找原因	□能主动参与团队活动和解决问题 □能分析和完善故障原因 □认真倾听，对问题有合理的反映	10	未完成1项扣3分	□熟练 □不熟练	□熟练 □不熟练	□合格 □不合格
7	定计划	□能依据维修手册制订和完善智能钥匙系统检修方案 □每一个步骤都包括物料、工具、测量仪器、测量内容和标准值等 □考虑时间控制、成本核算、安全与环保等	10	未完成1项扣3分	□熟练 □不熟练	□熟练 □不熟练	□合格 □不合格
8	做诊断	□正确使用检测工具与设备 □能独立地、有针对性地完成智能钥匙系统故障诊断，且检测的部位、方法和步骤正确 □能正确分析检测数据，确定故障点 □遵守工作安全和环保法规	13	未完成1项扣3分	□熟练 □不熟练	□熟练 □不熟练	□合格 □不合格
9	析机理	□能主动参与团队活动、分析问题、解决问题 □能够思路清楚地分析故障机理	7	未完成1项扣3分	□熟练 □不熟练	□熟练 □不熟练	□合格 □不合格
10	排故障	□能规范地排除智能钥匙系统故障 □积极主动完成车辆清洁、整理、整顿和恢复 □能在检修工作中坚守岗位，对客户负责	10	未完成1项扣3分	□熟练 □不熟练	□熟练 □不熟练	□合格 □不合格
11	评结果	□能规范、正确地编写诊断报告 □能对课程所学知识进行总结 □客观评价反思自己和其他同学的专业知识、专业能力和学习态度等	9	未完成1项扣3分	□熟练 □不熟练	□熟练 □不熟练	□合格 □不合格

总分：

高压绝缘故障诊断检修

工作日期：　　年　月　日	工位：
姓名：	用时：　　分　秒

一、温旧识

1. 温习绝缘和绝缘电阻的概念。
2. 温习电路图基本识读和电阻计算。
3. 温习高压断电标准化操作流程。
4. 预习电动汽车高压绝缘监控原理，理解原理图。

二、引案例

1. 观看案例视频，明确工作任务。

特斯拉 Model S 车辆仪表出现动力蓄电池断开故障指示灯 🔋，OK 灯未点亮，高压上电异常，文字提醒"需要检修"等。现需要你作为维修技师，按要求对此故障进行诊断检修。

> 为客户诊断与排除高压绝缘故障，培养学生精益求精的工作作风和严谨求实的劳动态度，在检修工作中坚守岗位，对客户负责，增强职业荣誉感。

2. 填写车辆基本信息。

作业项目	作业内容
整车型号	
工作电压	
电池容量	
车辆识别代码	
电机型号	
里程表读数	
车辆能否 OK	
客户反映	

3. 车辆出现什么故障？

_____

4. 你的工作任务是什么？

_____

三、验症状

1. 实操验证整车故障现象，确认仪表显示、整车状态。

2. 填写工作页。

作业项目	作业内容	备注
车辆能否正常上电		
确认仪表显示		
※确认故障症状并记录症状现象		

四、预诊断

1. 读取整车故障码和数据流。
2. 根据维修手册标准，对异常数据进行分析。
3. 完成车辆基本检查。
a. 做好高压安全防护和断电流程。
b. 实操车辆基本检查操作，并注意安全事项。
4. 填写任务工作页。

作业项目	作业内容				备注
读取故障码及模块通信状态					
正确读取数据	项目	数值	单位	判断	※如果无相关数据，则无须填写
清除故障码并再次读取	确认故障码是否再次出现，并填写结果 □无 DTC　□有 DTC：				
车辆基本检查	电路/插接器外观及连接情况 □正常　□不正常_____ 零件安装等 □正常　□不正常_____ 其他 □正常　□不正常_____				※不拆装

五、收信息

1. 自主查阅工作手册，认知高压绝缘充电各部件，并在实车上找到部件安装位置，绘制出车辆电动汽车高压绝缘的结构布局。

2. 理解电动汽车高压绝缘的监控原理。

1）绘制电动汽车高压绝缘的充电监控原理图。

2）BMS 通过实时测量（　　　　）来评估整车所有的高压部件和高压线束的绝缘状况。

A. 电池电压　　　　　　　　　　　　　　B. 漏电电流

C. 绝缘导线厚度　　　　　　　　　　D. 绝缘电阻

3）当 BMS 监测到绝缘电阻低于规定值时，以下选项中属于二级故障等级策略的是（　　）。

A. 立即断开高压　　　　　　　　　　B. 逐渐限制电流输出

C. 无任何变化　　　　　　　　　　　D. 限功率行驶

4）新能源汽车严重漏电的判断标准是（　　）。

A. 绝缘阻值在 20kΩ 以下　　　　　　B. 绝缘阻值为 100~120kΩ

C. 绝缘阻值小于 20MΩ　　　　　　　D. 绝缘阻值在 0.5MΩ 以下

5）新能源汽车一般漏电的判断标准是（　　）。

A. 绝缘阻值在 20kΩ 以下　　　　　　B. 绝缘阻值为 100~120kΩ

C. 绝缘阻值小于 20MΩ　　　　　　　D. 绝缘阻值在 0.5MΩ 以下

6）当 BMS 监测到绝缘电阻值低于规定值时，BMS 会根据绝缘阻值大小，采用（　　）故障等级策略。（　　）（多选）

A. 立即断开高压　　　　　　　　　　B. 逐渐限制电流输出

C. 无任何变化　　　　　　　　　　　D. 限功率行驶

7）可能导致高压绝缘故障的是（　　）。（多选）

A. 高压部件的老化　　　　　　　　　B. 高压部件进水

C. 高压部件损坏　　　　　　　　　　D. 高压部件失效

8）高压不上电故障的原因包括（　　）。（多选）

A. 接触器控制回路故障　　　　　　　B. MCU 故障

C. 绝缘故障　　　　　　　　　　　　D. 动力蓄电池过热

9）新能源汽车出现绝缘故障可能的故障范围是（　　）。

A. 动力电池本身绝缘失效

B. DC/DC 转换器上的高压线束出现绝缘

C. 充电口出现绝缘失效

D. 低压蓄电池电压过低

10）观看微课解释电动汽车高压绝缘的充电监控原理。

六、找原因

1. 根据故障案例，小组讨论，共同分析原因，画出故障树。

作业项目	作业内容	备注
分析故障原因	分析案例中产生故障的可能原因，并画出故障树	

2. 小组分享故障树。
3. 倾听教师和企业导师点评。
4. 小组补充完善故障树，完善工作页。
5. 小组共同讨论确定最有可能的故障范围，完善工作页。

作业项目	作业内容	备注
确定故障范围	结合仪表现象、诊断数据和电路图分析，确定最有可能的故障范围	

七、定计划

1. 查阅维修手册，确定相关部件插接件端子。
2. 分析故障诊断方法。

_____

_____

3. 小组讨论，制订检修流程，完成工作页。

	序号	工作内容	使用工具	标准值	注意事项
工作计划					

4. 展示工作计划。

八、做诊断

> 诊断过程中，严格遵照企业高压安全操作的注意事项进行操作，培养学生的安全和责任意识。

实施故障诊断方案，同时记录数据填写工作页，分析检测数据，确定故障点。

作业项目	作业内容				备注
部件/电路测试	部件/电路范围	测量值	测试条件	检查或测试后的判断结果	※注明测试条件、插件代码和编号，控制单元端子代号以及测量结果
	后高压分配盒与动力蓄电池插件（后高压分配盒端）			□正常 □不正常	
	后高压分配盒与前高压分配盒插件（前高压分配盒端）			□正常 □不正常	
	后高压分配盒与充电器插件（充电器端）			□正常 □不正常	
				□正常 □不正常	
				□正常 □不正常	
				□正常 □不正常	
				□正常 □不正常	
				□正常 □不正常	
				□正常 □不正常	
				□正常 □不正常	
	（其余依据实车具体检测情况自行填写）			□正常 □不正常	

九、析机理

1. 小组讨论，分析故障机理，完成工作页。
2. 小组展示讨论结果。

作业项目	作业内容	备注
分析机理	分析故障机理，提出维修建议 故障机理可能原因： 维修建议	

3. 倾听和反思，分析问题，及时修正，填写评价表。

十、排故障

1. 排除高压绝缘故障、竣工检查和 5S 管理，完成工作页。

作业项目	作业内容			备注
排除故障	故障类型	确认的故障位置	排除处理说明	
	电路故障		□更换　□维修　□调整	
	元件故障		□更换　□维修　□调整	

2. 扮演客户和维修接待角色，模拟交付车辆，与客户有效沟通。

十一、评结果

1. 书写诊断报告。
与其他同学分享经验。
2. 总结。
1）绘制思维导图，梳理本次课程所学知识点（另附纸）。
2）小组代表展示思维导图。
3）补充完善思维导图。
3. 评估。
1）小组讨论，对本次工作任务整体环节总结、反思，归纳需要具体修正提高哪些方面？采取哪些措施？

2）完善评价表。

高压绝缘故障诊断检修		实习日期：		
姓名：	班级：	学号：	导师签名：	
自评：□熟练　□不熟练	互评：□熟练　□不熟练	师评：□合格　□不合格		
日期：	日期：	日期：		

高压绝缘故障诊断检修【评分细则】

序号	评分项	得分条件	分值	评分要求	自评	互评	师评
1	温旧识	□回顾知识情况 □预习高压绝缘新知情况	6	未完成1项扣3分	□熟练 □不熟练	□熟练 □不熟练	□合格 □不合格
2	引案例	□围绕客户任务能专业、清楚地表达，条理分明，能让对方听懂 □能理解高压绝缘故障案例，明确工作任务 □注重使用文明用语	9	未完成1项扣3分	□熟练 □不熟练	□熟练 □不熟练	□合格 □不合格
3	验症状	□能确认高压绝缘故障现象 □体现严谨的劳动态度和职业素养	6	未完成1项扣3分	□熟练 □不熟练	□熟练 □不熟练	□合格 □不合格
4	预诊断	□能运用诊断仪读取故障码和数据流 □能正确分析数据结果 □能对车辆进行规范的基本检查	10	未完成1项扣3分	□熟练 □不熟练	□熟练 □不熟练	□合格 □不合格
5	收信息	□能快速、准确查阅检索所需资料 □理解高压系统控制原理和策略 □谈话过程流畅可以控制并体现友善合作意识	10	未完成1项扣3分	□熟练 □不熟练	□熟练 □不熟练	□合格 □不合格
6	找原因	□能主动参与团队活动和解决问题 □能分析和完善故障原因 □认真倾听，对问题有合理的反映	10	未完成1项扣3分	□熟练 □不熟练	□熟练 □不熟练	□合格 □不合格
7	定计划	□能依据维修手册制订和完善高压绝缘检修方案 □每一个步骤都包括物料、工具、测量仪器、测量内容和标准值等 □考虑时间控制、成本核算、安全与环保等	10	未完成1项扣3分	□熟练 □不熟练	□熟练 □不熟练	□合格 □不合格
8	做诊断	□正确使用检测工具与设备 □能独立地、有针对性地完成高压绝缘故障诊断，且检测的部位、方法和步骤正确 □能正确分析检测数据，确定故障点 □遵守工作安全和环保法规	13	未完成1项扣3分	□熟练 □不熟练	□熟练 □不熟练	□合格 □不合格
9	析机理	□能主动参与团队活动、分析问题、解决问题 □能够思路清楚地分析故障机理	7	未完成1项扣3分	□熟练 □不熟练	□熟练 □不熟练	□合格 □不合格

序号	评分项	得分条件	分值	评分要求	自评	互评	师评
10	排故障	□能规范地排除高压绝缘故障 □积极主动完成车辆清洁、整理、整顿和恢复 □能在检修工作中坚守岗位，对客户负责	10	未完成 1 项扣 3 分	□熟练 □不熟练	□熟练 □不熟练	□合格 □不合格
11	评结果	□能规范、正确地编写诊断报告 □能对课程所学知识进行总结 □客观评价反思自己和其他同学的专业知识、专业能力和学习态度等	9	未完成 1 项扣 3 分	□熟练 □不熟练	□熟练 □不熟练	□合格 □不合格
总分：							

BMS 故障诊断检修

工作日期： 年 月 日	工位：
姓名：	用时： 分 秒

一、温旧识

1. 温习 BMS 的功能。
2. 温习 BMS 的工作原理。
3. 温习高压断电标准化操作流程。
4. 预习蓄电池预充系统的工作过程，理解原理图。

二、引案例

1. 观看案例视频，明确工作任务。

一辆 2019 款比亚迪 e5 车辆行驶了 5 万 km，车辆出现高压上电异常，经技师检查确定是 BMS 出现故障，请进行检修。

> 为客户诊断与排除 BMS 故障，培养学生精益求精的工作作风和严谨求实的劳动态度，在检修工作中坚守岗位，对客户负责，增强职业荣誉感。

2. 填写车辆基本信息。

作业项目	作业内容
整车型号	
工作电压	
电池容量	
车辆识别代码	
电机型号	
里程表读数	
车辆能否 OK	
客户反映	

3. 车辆出现什么故障？

4. 你的工作任务是什么？

三、验症状

1. 实操验证整车故障现象，确认仪表显示、整车状态。

2. 填写工作页。

作业项目	作业内容	备注
车辆能否正常上电		
确认仪表显示		
※确认故障症状并记录症状现象		

四、预诊断

1. 读取整车故障码和数据流。
2. 根据维修手册标准，对异常数据进行分析。
3. 完成车辆基本检查。
a. 做好高压安全防护和断电流程。
b. 实操车辆基本检查操作，并注意安全事项。
4. 填写任务工作页。

作业项目	作业内容				备注
读取故障码及模块通信状态					
正确读取数据	项目	数值	单位	判断	※如果无相关数据，则无须填写
清除故障码并再次读取	确认故障码是否再次出现，并填写结果 □无 DTC　　□有 DTC：				
车辆基本检查	电路/插接器外观及连接情况 □正常　□不正常＿＿＿＿＿＿＿＿＿ 零件安装等 □正常　□不正常＿＿＿＿＿＿＿＿＿ 其他 □正常　□不正常＿＿＿＿＿＿＿＿＿				※不拆装

五、收信息

1. BMS 的功能是什么？

2. 自主查阅工作手册，开盖检查动力蓄电池，认知动力蓄电池系统各个部件，并画出其控制原理图。

3. 画出预充电路的原理图，并说明预充的控制原理。

六、找原因

通过分组讨论分析故障原因和制订检修 BMS 故障方案，培养学生的团队合作能力、分析问题和解决问题的能力，提高学生的逻辑思维能力。

1. 根据故障案例，小组讨论，共同分析原因，画出故障树。

作业项目	作业内容	备注
分析故障原因	分析案例中产生故障的可能原因，并画出故障树	

2. 小组分享故障树。
3. 倾听教师和企业导师点评。
4. 小组补充完善故障树，完善工作页。
5. 小组共同讨论确定最有可能的故障范围，完善工作页。

作业项目	作业内容	备注
确定故障范围	结合仪表现象、诊断数据和电路图分析，确定最有可能的故障范围	

七、定计划

1. 查阅维修手册，确定相关部件插接件端子。
2. 分析故障诊断方法。

_____

_____

3. 小组讨论，制订检修流程，完成工作页。

	序号	工作内容	使用工具	标准值	注意事项
工作计划					

4. 展示工作计划。

八、做诊断

> 诊断过程中，严格遵照企业高压安全操作的注意事项进行操作，培养学生的安全和责任意识。

实施故障诊断方案，同时记录数据填写工作页，分析检测数据，确定故障点。

作业项目	作业内容			备注
部件/电路测试	部件/电路范围	测量值	检查或测试后的判断结果	※注明测试条件、插件代码和编号，控制单元端子代号以及测量结果
			□正常 □不正常	
			□正常 □不正常	
			□正常 □不正常	
			□正常 □不正常	
			□正常 □不正常	
			□正常 □不正常	
			□正常 □不正常	
			□正常 □不正常	
			□正常 □不正常	
	波形采集（不用者不填）		□正常 □不正常	

九、析机理

1. 小组讨论，分析故障机理，完成工作页。
2. 小组展示讨论结果。

作业项目	作业内容	备注
分析机理	分析故障机理，提出维修建议 故障机理可能原因：	

作业项目	作业内容	备注
分析机理	维修建议	

3. 倾听和反思，分析问题，及时修正，填写评价表。

十、排故障

1. 排除 BMS 故障、竣工检查和 5S 管理，完成工作页。

作业项目	作业内容			备注
	故障类型	确认的故障位置	排除处理说明	
排除故障	电路故障		□更换　□维修　□调整	
	元件故障		□更换　□维修　□调整	

2. 扮演客户和维修接待角色，模拟交付车辆，与客户有效沟通。

十一、评结果

1. 书写诊断报告。

与其他同学分享经验。

2. 总结。

1) 绘制思维导图，梳理本次课程所学知识点（另附纸）。

2) 小组代表展示思维导图。

3) 补充完善思维导图。

3. 评估。

1) 小组讨论，对本次工作任务整体环节总结、反思，归纳需要具体修正提高哪些方面？采取哪些措施？

_____

_____

_____

_____

_____

2）完善评价表。

BMS 故障诊断检修		实习日期：	
姓名：	班级：	学号：	导师签名：
自评：□熟练　□不熟练	互评：□熟练　□不熟练	师评：□合格　□不合格	
日期：	日期：	日期：	

BMS 故障诊断检修【评分细则】

序号	评分项	得分条件	分值	评分要求	自评	互评	师评
1	温旧识	□回顾知识情况 □预习 BMS 新知情况	6	未完成 1 项扣 3 分	□熟练 □不熟练	□熟练 □不熟练	□合格 □不合格
2	引案例	□围绕客户任务能专业、清楚地表达，条理分明，能让对方听懂 □能理解 BMS 故障案例，明确工作任务 □注重使用文明用语	9	未完成 1 项扣 3 分	□熟练 □不熟练	□熟练 □不熟练	□合格 □不合格
3	验症状	□能运用诊断仪确认故障现象 □体现严谨的劳动态度和职业素养	6	未完成 1 项扣 3 分	□熟练 □不熟练	□熟练 □不熟练	□合格 □不合格
4	预诊断	□能运用诊断仪读取故障码和数据流 □能正确分析数据结果 □能对车辆进行规范的基本检查	10	未完成 1 项扣 3 分	□熟练 □不熟练	□熟练 □不熟练	□合格 □不合格
5	收信息	□能快速、准确查阅检索所需资料 □理解 BMS 控制原理和策略 □谈话过程流畅可以控制并体现友善合作意识	10	未完成 1 项扣 3 分	□熟练 □不熟练	□熟练 □不熟练	□合格 □不合格
6	找原因	□能主动参与团队活动和解决问题 □能分析和完善故障原因 □认真倾听，对问题有合理的反映	10	未完成 1 项扣 3 分	□熟练 □不熟练	□熟练 □不熟练	□合格 □不合格
7	定计划	□能依据维修手册制订和完善 BMS 检修方案 □每一个步骤都包括物料、工具、测量仪器、测量内容、标准值等 □考虑时间控制、成本核算、安全与环保等	10	未完成 1 项扣 3 分	□熟练 □不熟练	□熟练 □不熟练	□合格 □不合格
8	做诊断	□正确使用检测工具与设备 □能独立地、有针对性地完成 BMS 故障诊断，且检测的部位、方法和步骤正确 □能正确分析检测数据，确定故障点 □遵守工作安全和环保法规	13	未完成 1 项扣 3 分	□熟练 □不熟练	□熟练 □不熟练	□合格 □不合格
9	析机理	□能主动参与团队活动、分析问题、解决问题 □能够思路清楚地分析故障机理	7	未完成 1 项扣 3 分	□熟练 □不熟练	□熟练 □不熟练	□合格 □不合格

序号	评分项	得分条件	分值	评分要求	自评	互评	师评
10	排故障	□能规范地排除 BMS 故障 □积极主动完成车辆清洁、整理、整顿和恢复 □能在检修工作中坚守岗位，对客户负责	10	未完成 1 项扣 3 分	□熟练 □不熟练	□熟练 □不熟练	□合格 □不合格
11	评结果	□能规范、正确地编写诊断报告 □能对课程所学知识进行总结 □客观评价反思自己和其他同学的专业知识、专业能力和学习态度等	9	未完成 1 项扣 3 分	□熟练 □不熟练	□熟练 □不熟练	□合格 □不合格

总分：

高压互锁故障诊断检修

工作日期：　年　月　日	工位：
姓名：	用时：　分　秒

一、温旧识

1. 温习高压互锁的功能。
2. 温习高压互锁的工作原理。
3. 温习高压断电标准化操作流程。
4. 预习高压互锁的工作过程，理解原理图。

二、引案例

1. 观看案例视频，明确工作任务。

一辆 2019 款比亚迪 e5 纯电动汽车，打开启动开关后无法上 OK 电，OK 指示灯闪烁后熄灭；动力系统警告灯点亮，档位控制器失效，不能正常换入档位；仪表显示"请检查动力系统"字样，请给予解决。

> 为客户诊断与排除高压互锁故障，培养严谨求实的劳动态度，在检修工作中深入钻研，对客户负责。

2. 填写车辆基本信息。

作业项目	作业内容
整车型号	
工作电压	
电池容量	
车辆识别代码	
电机型号	
里程表读数	
车辆能否 OK	
客户反映	

3. 车辆出现什么故障？

4. 你的工作任务是什么？

三、验症状

1. 实操验证整车故障现象，确认仪表显示、整车状态。
2. 填写工作页。

作业项目	作业内容	备注
车辆能否正常上电		
确认仪表显示		
※确认故障症状并记录症状现象		

四、预诊断

1. 读取整车故障码和数据流。
2. 根据维修手册标准，对异常数据进行分析。
3. 完成车辆基本检查。
a. 做好高压安全防护和断电流程。
b. 实操车辆基本检查操作，并注意安全事项。
4. 填写任务工作页。

作业项目	作业内容				备注
读取故障码及模块通信状态					
正确读取数据	项目	数值	单位	判断	※如果无相关数据，则无须填写
清除故障码并再次读取	确认故障码是否再次出现，并填写结果 □无 DTC □有 DTC：				
车辆基本检查	电路/插接器外观及连接情况 □正常　□不正常＿＿＿＿＿＿＿＿＿ 零件安装等 □正常　□不正常＿＿＿＿＿＿＿＿＿ 其他 □正常　□不正常＿＿＿＿＿＿＿＿＿				※不拆装

五、收信息

1. 高压互锁的功能是什么？

2. 通过查找电路图，画出比亚迪 e5 高压互锁回路的原理图，并注明每个端子位置。

六、找原因

通过分组讨论分析故障原因和制订检修高压互锁故障方案，培养学生的团队合作能力、分析问题和解决问题的能力，提高学生的逻辑思维能力。

1. 根据故障案例，小组讨论，共同分析原因，画出故障树。

作业项目	作业内容	备注
分析故障原因	分析案例中产生故障的可能原因，并画出故障树	

2. 小组分享故障树。
3. 倾听教师和企业导师点评。
4. 小组补充完善故障树，完善工作页。
5. 小组共同讨论确定最有可能的故障范围，完善工作页。

作业项目	作业内容	备注
确定故障范围	结合仪表现象、诊断数据和电路图分析，确定最有可能的故障范围	

七、定计划

1. 查阅维修手册，确定相关部件插接件端子。
2. 分析故障诊断方法。

_____

_____

_____

3. 小组讨论，制订检修流程，完成工作页。

	序号	工作内容	使用工具	标准值	注意事项
工作计划					

4. 展示工作计划。

八、做诊断

诊断过程中，严格遵照企业高压安全操作的注意事项进行操作，培养学生的安全和责任意识。

实施故障诊断方案，同时记录数据填写工作页，分析检测数据，确定故障点。

作业项目	作业内容			备注
部件/电路测试	部件/电路范围	测量值	检查或测试后的判断结果	※注明测试条件、插件代码和编号，控制单元端子代号以及测量结果
			□正常 □不正常	
			□正常 □不正常	
			□正常 □不正常	
			□正常 □不正常	
			□正常 □不正常	
			□正常 □不正常	
			□正常 □不正常	
			□正常 □不正常	
	波形采集（不用者不填）		□正常 □不正常	

九、析机理

1. 小组讨论，分析故障机理，完成工作页。
2. 小组展示讨论结果。

作业项目	作业内容		备注
分析机理	分析故障机理，提出维修建议 故障机理可能原因：		
	维修建议		

3. 倾听和反思，分析问题，及时修正，填写评价表。

十、排故障

1. 排除高压互锁故障、竣工检查和 5S 管理，完成工作页。

作业项目	作业内容			备注
排除故障	故障类型	确认的故障位置	排除处理说明	
	电路故障		□更换　□维修　□调整	
	元件故障		□更换　□维修　□调整	

2. 扮演客户和维修接待角色，模拟交付车辆，与客户有效沟通。

十一、评结果

1. 书写诊断报告。
   与其他同学分享经验。

2. 总结。

1）绘制思维导图，梳理本次课程所学知识点（另附纸）。

2）小组代表展示思维导图。

3）补充完善思维导图。

3. 评估。

1）小组讨论，对本次工作任务整体环节总结、反思，归纳需要具体修正提高哪些方面？采取哪些措施？

_____

_____

_____

_____

_____

2）完善评价表。

高压互锁故障诊断检修		实习日期：	
姓名：	班级：	学号：	导师签名：
自评：□熟练 □不熟练	互评：□熟练 □不熟练	师评：□合格 □不合格	
日期：	日期：	日期：	

高压互锁故障诊断检修【评分细则】

序号	评分项	得分条件	分值	评分要求	自评	互评	师评
1	温旧识	□回顾知识情况 □预习高压互锁新知情况	6	未完成 1 项扣 3 分	□熟练 □不熟练	□熟练 □不熟练	□合格 □不合格
2	引案例	□围绕客户任务能专业、清楚地表达，条理分明，能让对方听懂 □能理解高压互锁故障案例，明确工作任务 □注重使用文明用语	9	未完成 1 项扣 3 分	□熟练 □不熟练	□熟练 □不熟练	□合格 □不合格
3	验症状	□能运用诊断仪确认故障现象 □体现严谨的劳动态度和职业素养	6	未完成 1 项扣 3 分	□熟练 □不熟练	□熟练 □不熟练	□合格 □不合格
4	预诊断	□能运用诊断仪读取故障码和数据流 □能正确分析数据结果 □能对车辆进行规范的基本检查	10	未完成 1 项扣 3 分	□熟练 □不熟练	□熟练 □不熟练	□合格 □不合格
5	收信息	□能快速、准确查阅检索所需资料 □理解高压互锁控制原理和策略 □谈话过程流畅可以控制并体现友善合作意识	10	未完成 1 项扣 3 分	□熟练 □不熟练	□熟练 □不熟练	□合格 □不合格
6	找原因	□能主动参与团队活动和解决问题 □能分析和完善故障原因 □认真倾听，对问题有合理的反映	10	未完成 1 项扣 3 分	□熟练 □不熟练	□熟练 □不熟练	□合格 □不合格
7	定计划	□能依据维修手册制订和完善高压互锁检修方案 □每一个步骤都包括物料、工具、测量仪器、测量内容和标准值等 □考虑时间控制、成本核算、安全与环保等	10	未完成 1 项扣 3 分	□熟练 □不熟练	□熟练 □不熟练	□合格 □不合格

序号	评分项	得分条件	分值	评分要求	自评	互评	师评
8	做诊断	□正确使用检测工具与设备 □能独立地、有针对性地完成高压互锁故障诊断，且检测的部位、方法和步骤正确 □能正确分析检测数据，确定故障点 □遵守工作安全和环保法规	13	未完成1项扣3分	□熟练 □不熟练	□熟练 □不熟练	□合格 □不合格
9	析机理	□能主动参与团队活动、分析问题、解决问题 □能够思路清楚地分析故障机理	7	未完成1项扣3分	□熟练 □不熟练	□熟练 □不熟练	□合格 □不合格
10	排故障	□能规范地排除高压互锁故障 □积极主动完成车辆清洁、整理、整顿和恢复 □能在检修工作中坚守岗位，对客户负责	10	未完成1项扣3分	□熟练 □不熟练	□熟练 □不熟练	□合格 □不合格
11	评结果	□能规范、正确地编写诊断报告 □能对课程所学知识进行总结 □客观评价反思自己和其他同学的专业知识、专业能力和学习态度等	9	未完成1项扣3分	□熟练 □不熟练	□熟练 □不熟练	□合格 □不合格

总分：

动力 CAN 故障诊断检修

工作日期： 年 月 日	工位：
姓名：	用时： 分 秒

一、温旧识

1. 温习车载网络系统在汽车上的应用。
2. 温习 CAN 总线系统的基本特征。

高速 CAN：

_____

_____

低速 CAN：

_____

_____

3. 绘制 CAN 总线系统的拓扑图，并尝试分析控制原理。

二、引案例

1. 观看案例视频，明确工作任务。

王先生的一辆 2018 年产的比亚迪 e5 纯电动汽车，按下启动按钮上电，发现仪表"OK"灯不亮，无法上 OK 电，车辆无法行驶；同时，仪表显示"请检查动力系统、电子驻车系统、动力电池过热系统、充电系统"等多个故障警告灯点亮。初步诊断为动力 CAN 系统存在故障，请给予解决。

> 为客户王先生诊断比亚迪 e5 车辆故障，培养学生具有较强的责任心和敬业精神，能够高效优质完成维修任务。

2. 填写车辆基本信息。

作业项目	作业内容
整车型号	
工作电压	
电池容量	
车辆识别代码	
电机型号	
里程表读数	
车辆能否 OK	
客户反映	

3. 车辆出现什么故障?

4. 你的工作任务是什么?

> 了解企业真实工作案例,明确自身的工作任务。

三、验症状

1. 实操验证整车故障现象,确认仪表显示、整车状态。
2. 填写工作页。

作业项目	作业内容	备注
车辆能否正常上电		
确认仪表显示		
※确认故障症状 并记录症状现象		

> 作为维修技师,认真、准确确认故障现象,规范检测,培养学生精益求精的工匠精神。

四、预诊断

1. 读取整车故障码和数据流。
2. 根据维修手册标准,对异常数据进行分析。

> 通过使用诊断仪读取故障码和数据流,完成预诊断,提高学生分析问题和解决问题的能力。

3. 完成车辆基本检查。
a. 做好高压安全防护和断电流程。
b. 实操车辆基本检查操作,并注意安全事项。

4. 填写任务工作页。

作业项目	作业内容	备注
读取故障码及模块通信状态		
正确读取数据	<table><tr><td></td><td>项目</td><td>数值</td><td>单位</td><td>判断</td></tr><tr><td></td><td></td><td></td><td></td><td></td></tr><tr><td></td><td></td><td></td><td></td><td></td></tr><tr><td></td><td></td><td></td><td></td><td></td></tr><tr><td></td><td></td><td></td><td></td><td></td></tr><tr><td></td><td></td><td></td><td></td><td></td></tr></table>	※如果无相关数据，则无须填写
清除故障码并再次读取	确认故障码是否再次出现，并填写结果 □无 DTC □有 DTC：	
车辆基本检查	电路/插接器外观及连接情况 □正常　□不正常_____ 零件安装等 □正常　□不正常_____ 其他 □正常　□不正常_____	※不拆装

五、收信息

培养学生课后总结及检验学习成果的学习习惯，提高自我诊断、自主学习的能力。

（一）填空题

1. 导线长度和_____数量的增加不但占据车内的有效空间、增加装配和维修的难度、提高整车成本，而且妨碍整车_____的提高。

2. 车载网络电控系统经历了_____、_____和_____三个阶段。

3. _____，就是指在一条数据线上传递的信号可以被多个系统共享，从而最大限度地提高_____，充分利用有限的资源。

4. 通过接口连接不同设备时有_____连接和____连接两种连接方式。

5. 如果将传输路径的控制功能主要分配给其中一个设备，则该设备就变为_____，而其他设备仅具有副控功能，因而，具有副控功能的这些设备也称为_____。

6. 协议三要素是指____、____和_____。

7. 比亚迪 e5 车载网络大致可以分为_____、_____、_____、_____、空调网等。

（二）选择题

1. 汽车上采用数据总线的原因是（　　）。

A. 提高技术含量　　　　　　　　　　B. 降低生产成本
C. 降低维修难度　　　　　　　　　　D. 便于用户使用

2. 一个完整的 CAN 数据包括（　　）个域。

A. 5　　　　　　　　B. 6　　　　　　　　C. 7　　　　　　　　D. 8

43

3. 每个终端电阻的阻值是（　　　）。

A. 120Ω   B. 100Ω   C. 80Ω   D. 60Ω

4. CAN 线的主色是（　　　）。

A. 绿色   B. 黄色   C. 红色   D. 橙色

5. CAN 总线所采用双绞线的直径是（　　　）。

A. $0.5mm^2$ B. $0.45mm^2$ C. $0.4mm^2$ D. $0.35mm^2$

6. 下列对舒适 CAN 总线的收发器描述错误的是（　　　）。

A. CAN-H 线的高电压为 3.6V

B. CAN-H 线的低电压为 0V

C. CAN-L 线的高电压为 1.4V

D. CAN-L 线的低电压为 1.4V

7. 在汽车网络中，用（　　　）来约定各模块的优先权。

A. 数据总线   B. 通信协议   C. 总线速度   D. 模块

8. 在 CAN 总线中，为了防止数据在高速传输终了时产生反射波，必须在网络中配置（　　　）。

A. 终端电阻   B. CAN 发送器   C. CAN 接收器   D. 网关

9. 汽车总线系统采用 CAN 网络，最大的数据传递速度是（　　　）。

A. 1Mbit/s   B. 500kbit/s   C. 125kbit/s   D. 100kbit/s

10. 驱动 CAN 和舒适 CAN 之间由于传递速率不同，它们之间必须通过（　　　）进行转换。

A. 控制单元   B. 终端电阻   C. 收发器   D. 网关

（三）判断题

1. CAN 总线的每根导线都传送相位相反、数值相同的信息，目的是为了抗干扰。（　　）

2. 两个二进制数组合可以表示四种状态。（　　）

3. 舒适 CAN 总线可以采用一根导线传递信息。（　　）

4. CAN 总线的基本颜色是红色。（　　）

5. 在 CAN 总线中，控制单元将信息发到总线上，不管其他控制单元是否需要。（　　）

6. CAN 总线是车内电子装置中的一个独立系统。（　　）

7. Gateway 指的是控制单元。（　　）

8. 多路传输是指在不同通道或电路上同时传输多条信息。（　　）

9. 车载网络系统大多数通信协议都是专用的，因此，维修诊断时需要专门的软件。（　　）

10. 汽车通信网络中的 CAN-H 线或 CAN-L 线不能与电源线或搭铁线导通。（　　）

11. 汽车上 CAN 数据传输线都是双绞线。（　　）

12. 高速 CAN 的两条网线中只要有一条网线出现短路或断路，则整个网络失效。（　　）

13. 在 CAN 总线中，无论高速 CAN 总线还是低速 CAN 总线，基本结构完全相同。（　　）

（四）名词解释

1. 多路传输

2. 数据总线

3. 局域网

4. 传输协议

5. 传输仲裁

6. CAN 总线

7. CAN 终端电阻

六、找原因

通过小组合作方式完成学习任务，培养学生在团队中会沟通、会协作的能力。

1. 根据故障案例，小组讨论，共同分析原因，画出故障树。
2. 小组分享故障树。
3. 倾听教师和企业导师点评。
4. 小组补充完善故障树，完善工作页。
5. 小组共同讨论确定最有可能的故障范围，完善工作页。

作业项目	作业内容	备注
分析故障原因	分析案例中产生故障的可能原因，并画出故障树	
确定故障范围	结合仪表现象、诊断数据和电路图分析，确定最有可能的故障范围	

七、定计划

通过分组讨论、展示故障原因和制订维修方案，培养学生的团队合作能力和逻辑思维表达能力。

1. 查阅维修手册，确定相关部件插件端子。
2. 分析故障诊断方法。

3. 小组讨论，制订检修流程，完成工作页。

	序号	工作内容	使用工具	标准值	注意事项
工作计划					

4. 展示工作计划。

八、做诊断

> 规范故障检测流程，完成故障诊断检修，高效优质完成任务，提高学生的时间观念、成本意识，注重工作效率。

实施故障诊断方案，同时记录数据填写工作页，分析检测数据，确定故障点。

作业项目	作业内容			备注
部件/电路测试	部件/电路范围	检查或测试后的判断结果		※注明测试条件、插件代码和编号，控制单元端子代号以及测量结果
		□正常	□不正常	
		□正常	□不正常	
		□正常	□不正常	
		□正常	□不正常	
		□正常	□不正常	
		□正常	□不正常	
		□正常	□不正常	
		□正常	□不正常	
		□正常	□不正常	
		□正常	□不正常	
		□正常	□不正常	
		□正常	□不正常	
		□正常	□不正常	
		□正常	□不正常	
	波形采集（不用者不填）	□正常	□不正常	

九、析机理

1. 小组讨论，分析故障机理，完成工作页。
2. 小组展示讨论结果。

作业项目	作业内容		备注
分析机理	分析故障机理，提出维修建议 故障机理可能原因： 维修建议		

3. 倾听和反思，分析问题，及时修正，填写评价表。

十、排故障

1. 排除 CAN 总线故障、竣工检查和 5S 管理，完成工作页。

作业项目	作业内容			备注
	故障类型	确认的故障位置	排除处理说明	
排除故障	电路故障		□更换 □维修 □调整	
	元件故障		□更换 □维修 □调整	

2. 扮演客户和维修接待角色，模拟交付车辆，与客户有效沟通。

十一、评结果

1. 书写诊断报告。

与其他同学分享经验。

2. 总结。

1）绘制思维导图，梳理本次课程所学知识点。

2）小组代表展示思维导图。

3）补充完善思维导图。

3. 评估。

1）小组讨论，对本次工作任务整体环节总结、反思，归纳需要具体修正提高哪些方面？采取哪些措施？

_____

_____

_____

_____

_____

2）完善评价表。

动力 CAN 故障诊断检修		实习日期：		导师签名：
姓名：	班级：	学号：		
自评：□熟练 □不熟练	互评：□熟练 □不熟练	师评：□合格 □不合格		
日期：	日期：	日期：		

动力 CAN 故障诊断检修【评分细则】

序号	评分项	得分条件	分值	评分要求	自评	互评	师评
1	温旧识	□回顾知识情况 □预习汽车网络和 CAN 情况	6	未完成 1 项扣 3 分	□熟练 □不熟练	□熟练 □不熟练	□合格 □不合格
2	引案例	□围绕客户任务能专业、清楚地表达，条理分明，能让对方听懂 □能理解 CAN 故障案例，明确工作任务 □注重使用文明用语	9	未完成 1 项扣 3 分	□熟练 □不熟练	□熟练 □不熟练	□合格 □不合格
3	验症状	□能确认动力 CAN 故障现象 □体现严谨的劳动态度和职业素养	6	未完成 1 项扣 3 分	□熟练 □不熟练	□熟练 □不熟练	□合格 □不合格
4	预诊断	□能运用诊断仪读取故障码和数据流 □能正确分析数据结果 □能对车辆进行规范的基本检查	10	未完成 1 项扣 3 分	□熟练 □不熟练	□熟练 □不熟练	□合格 □不合格
5	收信息	□能快速、准确查阅检索所需资料 □理解高压系统控制原理和策略 □谈话过程流畅可以控制并体现友善合作意识	10	未完成 1 项扣 3 分	□熟练 □不熟练	□熟练 □不熟练	□合格 □不合格
6	找原因	□能主动参与团队活动和解决问题 □能分析和完善故障原因 □认真倾听，对问题有合理的反映	10	未完成 1 项扣 3 分	□熟练 □不熟练	□熟练 □不熟练	□合格 □不合格

序号	评分项	得分条件	分值	评分要求	自评	互评	师评
7	定计划	□能依据维修手册制订和完善动力CAN检修方案 □每一个步骤都包括物料、工具、测量仪器、测量内容和标准值等 □考虑时间控制、成本核算、安全与环保等	10	未完成1项扣3分	□熟练 □不熟练	□熟练 □不熟练	□合格 □不合格
8	做诊断	□正确使用检测工具与设备 □能独立地、有针对性地完成动力CAN故障诊断，且检测的部位、方法和步骤正确 □能正确分析检测数据，确定故障点 □遵守工作安全和环保法规	13	未完成1项扣3分	□熟练 □不熟练	□熟练 □不熟练	□合格 □不合格
9	析机理	□能主动参与团队活动、分析问题、解决问题 □能够思路清楚地分析故障机理	7	未完成1项扣3分	□熟练 □不熟练	□熟练 □不熟练	□合格 □不合格
10	排故障	□能规范地排除动力CAN故障 □积极主动完成车辆清洁、整理、整顿和恢复 □能在检修工作中坚守岗位，对客户负责	10	未完成1项扣3分	□熟练 □不熟练	□熟练 □不熟练	□合格 □不合格
11	评结果	□能规范、正确地编写诊断报告 □能对课程所学知识进行总结 □客观评价反思自己和其他同学的专业知识、专业能力和学习态度等	9	未完成1项扣3分	□熟练 □不熟练	□熟练 □不熟练	□合格 □不合格

总分：

交流充电故障诊断检修

工作日期: 年 月 日	工位:
姓名:	用时: 分 秒

一、温旧识

1. 温习电动汽车交流充电的步骤和注意事项。

2. 温习电动汽车交流充电系统的结构部件以及充电枪端口定义。

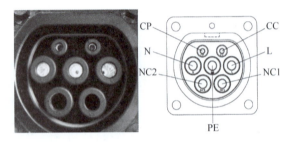

CP：_____

CC：_____

N：_____

L：_____

PE：_____

3. 绘制交流充电系统的充电控制原理图，并尝试分析控制原理（另附纸）。

二、引案例

1. 观看案例视频，明确工作任务。

张先生的比亚迪 e5 电动汽车，客户反映车辆可正常上电，仪表显示正常，使用运行正常的充电桩给车辆充电，插上交流充电枪，仪表无任何充电连接显示，无法正常交流充电。经维修技师诊断，解决了两个故障点，分别为仪表充电连接指示灯未点亮故障和充电连接指示灯已点亮但仍未能充电故障，如果此任务交给你，现需要你遵照企业岗位规范要求完成此交流充电系统诊断与检修任务，并通过分析检测的数据，找出故障点，解决故障，使车辆可正常交流充电。

> 为客户诊断与排除交流充电故障，培养学生具有精益求精的工作作风和严谨求实的劳动态度，在检修工作中坚守岗位，对客户负责，增强职业荣誉感。

2. 填写车辆基本信息。

作业项目	作业内容
整车型号	
工作电压	

作业项目	作业内容
电池容量	
车辆识别代码	
电机型号	
里程表读数	
车辆能否 OK	
客户反映	

3. 车辆出现什么故障？

4. 你的工作任务是什么？

> 了解企业真实工作案例，明确自身的工作任务。

三、验症状

1. 实操验证整车故障现象，确认仪表显示、整车状态。
2. 填写工作页。

作业项目	作业内容	备注
车辆能否正常上电		
确认仪表显示		
※确认故障症状 并记录症状现象		

> 亲自动手验证，培养学生严谨求实的劳动态度。

四、预诊断

1. 读取整车故障码和数据流。
2. 根据维修手册标准，对异常数据进行分析。

> 通过读取故障码和数据流，完成预诊断，提高学生分析故障信息的能力，培养学生信息检索和数据分析的素养。

3. 完成车辆基本检查。
a. 做好高压安全防护和断电流程。
b. 实操车辆基本检查操作。注意安全事项。

4. 填写任务工作页。

作业项目	作业内容	备注
读取故障码及模块通信状态		
正确读取数据	<table><tr><td>项目</td><td>数值</td><td>单位</td><td>判断</td></tr><tr><td></td><td></td><td></td><td></td></tr><tr><td></td><td></td><td></td><td></td></tr><tr><td></td><td></td><td></td><td></td></tr><tr><td></td><td></td><td></td><td></td></tr><tr><td></td><td></td><td></td><td></td></tr><tr><td></td><td></td><td></td><td></td></tr></table>	※如果无相关数据，则无须填写
清除故障码并再次读取	确认故障码是否再次出现，并填写结果 □无 DTC □有 DTC：	
车辆基本检查	电路/插接器外观及连接情况 □正常　□不正常_____ 零件安装等 □正常　□不正常_____ 其他 □正常　□不正常_____	※不拆装

五、收信息

培养学生正确的逻辑思维能力，提高学生的学习能力。

1. 自主查阅工作手册，认知交流充电各部件，并在实车上找到部件安装位置，绘制出车辆交流充电的基本流程。

2. 理解交流充电系统的充电监控原理。
1）绘制交流充电系统的充电监控原理图。

2）解释交流充电系统中慢充枪插头和车辆插座线束定义。

L_____

N_____

PE_____

CC_____

CP_____

NC1 和 NC2

3）供电控制装备通过 S_1 开关向 CP 线发出_____，并通过检测点 1 的电压值进行判断_____。通过检测点 4 的电压值进行判断_____。车辆控制装备的检测点 3 用于判断_____，检测点 4 用于判断_____。

4）桩端充电枪插入为什么使 PE 先接触？

_____

_____

5）充电桩检测点 3 检测的是什么？当按下充电枪按键，插入车辆插座，再放开充电枪按键，充电桩的检测点 3 会有什么变化？为什么？

_____

_____

_____

6）当慢充时，系统是怎么确认车辆接口连接可靠的？

_____

_____

7）当慢充时，慢充充电模式是如何识别唤醒信号的？

_____

_____

8）在充电原理图中，K_1 和 K_2 分别是什么？什么情况下充电桩会闭合 K_1 和 K_2？

_____

_____

_____

9）当慢充时，慢充充电能力是如何识别与校验的？

_____

_____

_____

10）交流充电时需要对哪些参数进行监控和控制？

_____

_____

11）简述车载充电机的基本工作流程。

_____

_____

_____

12）交流充电电路不会经过的高压元器件是（　　）。（单选）

A. 交流充电口　　　　B. 车载充电机　　　　C. MCU　　　　D. PDU

13）交流充电插枪之后，仪表充电指示灯不亮，可能原因是（　　）。（单选）

A. CC 断路　　　　　　B. 充电枪电源未接　　C. CP 断路　　　　　　D. 起动开关损坏

14) 充电系统 CC 断路会造成（　　）。（多选）

A. 无法交流充电　　　　　　　　　　B. 无法直流充电

C. 仪表不显示 SOC　　　　　　　　　D. 插枪仪表充电指示灯不亮

15) 会造成交流充电停止的是（　　）。（多选）

A. SOC100%　　　　　　　　　　　　B. 单体电池电压达到预设的充电截止电压

C. 拔下充电枪　　　　　　　　　　　D. 再次刷卡

六、找原因

通过分组讨论分析故障原因和制订检修交流充电故障方案，具备团队合作能力、分析问题和解决问题的能力，提高逻辑思维能力。

1. 根据故障案例，小组讨论，共同分析原因，画出故障树。

2. 小组分享故障树。

3. 倾听教师和企业导师点评。

4. 小组补充完善故障树，完善工作页。

5. 小组共同讨论确定最有可能的故障范围，完善工作页。

作业项目	作业内容	备注
分析故障原因	分析案例中产生故障的可能原因，并画出故障树	
确定故障范围	结合仪表现象、诊断数据和电路图分析，确定最有可能的故障范围	

七、定计划

通过分组讨论，完成分析故障原因和制订维修方案，并能说出诊断流程和分析方法，培养与人合作能力和逻辑思维能力。

1. 查阅维修手册，确定相关部件插接件端子。

2. 分析故障诊断方法。

_____

_____

_____

3. 小组讨论，制订检修流程，完成工作页。

	序号	工作内容	使用工具	标准值	注意事项
工作计划					

4. 展示工作计划。

八、做诊断

诊断过程中，严格遵照企业高压安全操作的注意事项进行操作，培养学生的安全和责任意识。

规范故障检测流程，完成故障诊断检修，培养学生的工匠精神，提高职业素养，注重工作效率。

实施故障诊断方案，同时记录数据填写工作页，分析检测数据，确定故障点。

作业项目	作业内容			备注
部件/电路测试	部件/电路范围	检查或测试后的判断结果		※注明测试条件、插件代码和编号，控制单元端子代号以及测量结果
		□正常	□不正常	
		□正常	□不正常	
		□正常	□不正常	
		□正常	□不正常	
		□正常	□不正常	
		□正常	□不正常	
		□正常	□不正常	
		□正常	□不正常	
		□正常	□不正常	
		□正常	□不正常	
		□正常	□不正常	
		□正常	□不正常	
		□正常	□不正常	
		□正常	□不正常	
	波形采集（不用者不填）	□正常	□不正常	

九、析机理

> 培养学生的安全、规范、服务、责任意识和精益求精的工作作风以及严谨求实的劳动态度。

1. 小组讨论，分析故障机理，完成工作页。
2. 小组展示讨论结果。

作业项目	作业内容		备注
分析机理	分析故障机理，提出维修建议 故障机理可能原因：		
	维修建议		

3. 倾听和反思，分析问题，及时修正，填写评价表。

十、排故障

1. 排除交流充电故障、竣工检查和5S管理，完成工作页。

作业项目	作业内容			备注
	故障类型	确认的故障位置	排除处理说明	
排除故障	电路故障		□更换　□维修　□调整	
	元件故障		□更换　□维修　□调整	

56

2. 扮演客户和维修接待角色，模拟交付车辆，与客户有效沟通。

十一、评结果

总结整个故障诊断过程、总结经验和分享成果，培养学生的职业荣誉感。

借助学习思维导图，梳理本次工作任务的知识体系，培育学生的学习能力和信息素养。

1. 书写诊断报告。

与其他同学分享经验。

2. 总结。

1）绘制思维导图，梳理本次课程所学知识点（另附纸）。

2）小组代表展示思维导图。

3）补充完善思维导图。

3. 评估。

1）小组讨论，对本次工作任务整体环节总结、反思，归纳需要具体修正提高哪些方面？采取哪些措施？

_____

_____

_____

2）完善评价表。

交流充电故障诊断检修			实习日期：			
姓名：		班级：	学号：		导师签名：	
自评：□熟练 □不熟练		互评：□熟练 □不熟练	师评：□合格 □不合格			
日期：		日期：	日期：			

交流充电故障诊断检修【评分细则】

序号	评分项	得分条件	分值	评分要求	自评	互评	师评
1	温旧识	□回顾知识情况 □预习交流充电新知情况	6	未完成 1 项扣 3 分	□熟练 □不熟练	□熟练 □不熟练	□合格 □不合格
2	引案例	□围绕客户任务能专业、清楚地表达，条理分明，能让对方听懂 □能理解交流充电故障案例，明确工作任务 □注重使用文明用语	9	未完成 1 项扣 3 分	□熟练 □不熟练	□熟练 □不熟练	□合格 □不合格
3	验症状	□能确认交流充电故障现象 □体现严谨的劳动态度和职业素养	6	未完成 1 项扣 3 分	□熟练 □不熟练	□熟练 □不熟练	□合格 □不合格
4	预诊断	□能运用诊断仪读取故障码和数据流 □能正确分析数据结果 □能对车辆进行规范的基本检查	10	未完成 1 项扣 3 分	□熟练 □不熟练	□熟练 □不熟练	□合格 □不合格
5	收信息	□能快速、准确查阅检索所需资料 □理解交流充电控制原理和策略 □谈话过程流畅可以控制并体现友善合作意识	10	未完成 1 项扣 3 分	□熟练 □不熟练	□熟练 □不熟练	□合格 □不合格

序号	评分项	得分条件	分值	评分要求	自评	互评	师评
6	找原因	□能主动参与团队活动和解决问题 □能分析和完善故障原因 □认真倾听，对问题有合理的反映	10	未完成 1 项 扣 3 分	□熟练 □不熟练	□熟练 □不熟练	□合格 □不合格
7	定计划	□能依据维修手册制订和完善交流充电检修方案 □每一个步骤都包括物料、工具、测量仪器、测量内容和标准值等 □考虑时间控制、成本核算、安全与环保等	10	未完成 1 项 扣 3 分	□熟练 □不熟练	□熟练 □不熟练	□合格 □不合格
8	做诊断	□正确使用检测工具与设备 □能独立地、有针对性地完成交流充电故障诊断，且检测的部位、方法和步骤正确 □能正确分析检测数据，确定故障点 □遵守工作安全和环保法规	13	未完成 1 项 扣 3 分	□熟练 □不熟练	□熟练 □不熟练	□合格 □不合格
9	析机理	□能主动参与团队活动、分析问题、解决问题 □能够思路清楚地分析故障机理	7	未完成 1 项 扣 3 分	□熟练 □不熟练	□熟练 □不熟练	□合格 □不合格
10	排故障	□能规范地排除交流充电故障 □积极主动完成车辆清洁、整理、整顿和恢复 □能在检修工作中坚守岗位，对客户负责	10	未完成 1 项 扣 3 分	□熟练 □不熟练	□熟练 □不熟练	□合格 □不合格
11	评结果	□能规范、正确地编写诊断报告 □能对课程所学知识进行总结 □客观评价反思自己和其他同学的专业知识、专业能力和学习态度等	9	未完成 1 项 扣 3 分	□熟练 □不熟练	□熟练 □不熟练	□合格 □不合格

总分：

驱动电机控制系统故障诊断检修

工作日期： 年 月 日	工位：
姓名：	用时： 分 秒

一、温旧识

驱动电机的类型特点。

二、引案例

1. 观看案例视频，明确工作任务。

车主王先生有一辆吉利 EV450 电动车，车辆正常起动，仪表 READY 指示灯可以点亮。但是车辆无法正常行驶。打电话求助，吉利新能源 4S 店维修技师到现场救援，初步判断车辆为驱动电机控制系统故障，需将车辆拖到经销店进一步排查，请你作为维修技师予以解决。

> 了解企业真实故障案例，接受工作任务，树立服务意识。

2. 填写车辆基本信息。

作业项目	作业内容
整车型号	
工作电压	
电池容量	
车辆识别代码	
电机型号	
里程表读数	
车辆能否 OK	
客户反映	

3. 车辆出现什么故障？

4. 你的工作任务是什么？

三、验症状

1. 实操验证整车故障现象，确认仪表显示、整车状态。

2. 填写工作页。

作业项目	作业内容	备注
车辆能否正常上电		
确认仪表显示		
※确认故障症状并记录症状现象		

> 验证故障现象，方法正确、关注细节，培养学生严谨、认真的工作态度。

四、预诊断

1. 读取故障码和数据流。
2. 根据主机厂的标准，对数据进行分析。
3. 完成车辆基本检查。
a. 做好高压安全防护和断电流程。
b. 实操车辆基本检查操作，并注意安全事项。
4. 填写任务工作页。

作业项目	作业内容				备注
读取故障码及模块通信状态					
正确读取数据	项目	数值	单位	判断	※如果无相关数据，则无须填写
清除故障码并再次读取	确认故障码是否再次出现，并填写结果 □无 DTC □有 DTC：				
车辆基本检查	电路/插接器外观及连接情况 □正常　□不正常＿＿＿＿＿＿＿ 零件安装等 □正常　□不正常＿＿＿＿＿＿＿ 其他 □正常　□不正常＿＿＿＿＿＿＿				※不拆装

五、收信息

> 通过自主学习、分组学习，提高学生自主学习和小组合作的能力。

1. 分析驱动电机的特点。

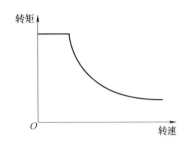

2. 简述电机的控制过程。

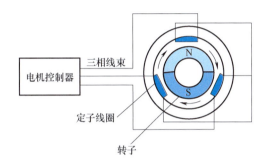

3. 选择题

1）对电机转速表述正确的是（　　　）。（单选）

A. 转速与频率成反比　　　　　　　B. 转速与电机对数成反比

B. 电机极对数可以调整　　　　　　D. 转速与频率成正比，与极对数成反比

2）对永磁同步电机描述正确的有（　　　）。（单选）

A. 电机的转子是三相对称绕组

B. 负载越小，功率角越大

C. 频率严格成比例旋转，否则会失步停转

D. 转速与旋转磁场不同步，其静态误差为零

3）有关旋转变压器描述准确的是（　　　）。（多选）

A. 旋变转子与驱动电机转子同轴连接，随电机转轴旋转

B. 旋转变压器由励磁信号、正旋、余弦信号组成

C. 定子与转子之间间隙的大小随着转子旋转而发生变化，根据特定时间段内转子的角度变化估算转速

D. 旋转变压器又叫作旋变传感器，由定子和转子两部分组成

六、找原因

> 通过分组讨论分析故障原因和制订检修驱动电机控制系统故障方案，培养学生的团队合作能力、分析问题和解决问题的能力，提高学生的逻辑思维能力。

1. 根据故障案例，小组讨论，共同分析原因，画出故障树。

2. 小组分享故障树。

3. 倾听教师和企业导师点评。

4. 小组补充完善故障树，完善工作页。

5. 小组共同讨论确定最有可能的故障范围，完善工作页。

作业项目	作业内容	备注
分析故障原因	分析案例中产生故障的可能原因，并画出故障树	
确定故障范围	根据诊断数据和电路图分析，确定最有可能的故障范围	

七、定计划

通过分组讨论、完成分析故障原因和制订维修方案，并能说出诊断流程和分析方法，培养学生的合作能力和逻辑思维能力。

1. 小组讨论，制订检修流程，完成工作页。

	序号	工作步骤	使用工具、量具、仪器、资料	操作规范	安全、5S
工作计划					

2. 展示工作计划。

八、做诊断

实施故障诊断方案，同时记录数据填写工作页，分析检测数据，确定故障点。

作业项目	作业内容		备注
部件/电路测试	部件/电路范围	检查或测试后的判断结果	※注明测试条件、插件代码和编号，控制单元端子代号以及测量结果
		□正常　　□不正常	
		□正常　　□不正常	
		□正常　　□不正常	
		□正常　　□不正常	
		□正常　　□不正常	
		□正常　　□不正常	
		□正常　　□不正常	
		□正常　　□不正常	
		□正常　　□不正常	
		□正常　　□不正常	
		□正常　　□不正常	
		□正常　　□不正常	
		□正常　　□不正常	
		□正常　　□不正常	
	波形采集（不用者不填）	□正常　　□不正常	

九、析机理

1. 小组讨论，分析故障机理，完成工作页。
2. 小组展示讨论结果。

作业项目	作业内容	备注
分析机理	分析故障机理，提出维修建议 故障机理可能原因： 维修建议	

3. 倾听和反思，分析问题，及时修正，填写评价表。

十、排故障

1. 排除驱动电机控制系统故障、竣工检查和 5S 管理，完成工作页。

作业项目	作业内容			备注
排除故障	故障类型	确认的故障位置	排除处理说明	
	电路故障		□更换　□维修　□调整	
	元件故障		□更换　□维修　□调整	

2. 扮演客户和维修接待角色，模拟交付车辆，与客户有效沟通。

十一、评结果

通过总结整个故障诊断过程、总结经验和分享成果，增强学生的职业荣誉感。
借助学习思维导图梳理本次工作任务的知识体系，培育学生的学习能力和信息素养。

1. 书写诊断报告。
与其他同学分享经验。
2. 总结。
1）绘制思维导图，梳理本次课程所学知识点。
2）小组代表展示思维导图。
3）补充完善思维导图。

3. 评估。

1）小组讨论，对本次工作任务整体环节总结、反思，归纳需要具体修正提高哪些方面？采取哪些措施？

_____

_____

_____

2）完善评价表。

驱动电机控制系统故障诊断检修		实习日期：		导师签名：
姓名：	班级：	学号：		
自评：□熟练 □不熟练	互评：□熟练 □不熟练	师评：□合格 □不合格		
日期：	日期：	日期：		

驱动电机控制系统故障诊断检修【评分细则】

序号	评分项	得分条件	分值	评分要求	自评	互评	师评
1	温旧识	□回顾知识情况 □预习驱动电机控制系统新知情况	6	未完成1项扣3分	□熟练 □不熟练	□熟练 □不熟练	□合格 □不合格
2	引案例	□围绕客户任务能专业、清楚地表达，条理分明，能让对方听懂 □能理解驱动电机控制系统故障案例，明确工作任务 □注重使用文明用语	9	未完成1项扣3分	□熟练 □不熟练	□熟练 □不熟练	□合格 □不合格
3	验症状	□能确认驱动电机控制系统故障现象 □体现严谨的劳动态度和职业素养	6	未完成1项扣3分	□熟练 □不熟练	□熟练 □不熟练	□合格 □不合格
4	预诊断	□能运用诊断仪读取故障码和数据流 □能正确分析数据结果 □能对车辆进行规范的基本检查	10	未完成1项扣3分	□熟练 □不熟练	□熟练 □不熟练	□合格 □不合格
5	收信息	□能快速、准确查阅检索所需资料 □理解驱动电机控制系统控制原理和策略 □谈话过程流畅可以控制并体现友善合作意识	10	未完成1项扣3分	□熟练 □不熟练	□熟练 □不熟练	□合格 □不合格
6	找原因	□能主动参与团队活动和解决问题 □能分析和完善故障原因 □认真倾听，对问题有合理的反映	10	未完成1项扣3分	□熟练 □不熟练	□熟练 □不熟练	□合格 □不合格
7	定计划	□能依据维修手册制订和完善驱动电机控制系统检修方案 □每一个步骤都包括物料、工具、测量仪器、测量内容和标准值等 □考虑时间控制、成本核算、安全与环保等	10	未完成1项扣3分	□熟练 □不熟练	□熟练 □不熟练	□合格 □不合格

（续）

序号	评分项	得分条件	分值	评分要求	自评	互评	师评
8	做诊断	□正确使用检测工具与设备 □能独立地、有针对性地完成驱动电机控制系统故障诊断，且检测的部位、方法和步骤正确 □能正确分析检测数据，确定故障点 □遵守工作安全和环保法规	13	未完成1项扣3分	□熟练 □不熟练	□熟练 □不熟练	□合格 □不合格
9	析机理	□能主动参与团队活动、分析问题、解决问题 □能够思路清楚地分析故障机理	7	未完成1项扣3分	□熟练 □不熟练	□熟练 □不熟练	□合格 □不合格
10	排故障	□能规范地排除驱动电机控制系统故障 □积极主动完成车辆清洁、整理、整顿和恢复 □能在检修工作中坚守岗位，对客户负责	10	未完成1项扣3分	□熟练 □不熟练	□熟练 □不熟练	□合格 □不合格
11	评结果	□能规范、正确地编写诊断报告 □能对课程所学知识进行总结 □客观评价反思自己和其他同学的专业知识、专业能力和学习态度等	9	未完成1项扣3分	□熟练 □不熟练	□熟练 □不熟练	□合格 □不合格

总分：

新能源汽车热管理系统故障诊断检修

工作日期： 年 月 日	工位：
姓名：	用时： 分 秒

一、温旧识

新能源汽车热管理系统结构功能。

二、引案例

1. 观看案例视频，明确工作任务。

张女士的一辆 2018 款北汽新能源汽车 EU5 行驶 134572km，2 月份张女士在驾车回山西老家的高速路上，车辆仪表突然出现红色的电机过热的信息提示，几分钟后，车辆失去动力无法行驶，再次起动，车辆无法上电，随即报警救援，在等待救援的时间里，张女士再次起动车辆，发现车辆故障消失，可以正常上电"READY"，但张女士不敢继续驾驶，将车拖到4S 店。初步诊断为驱动电机过温故障，请给予解决。

> 了解企业真实故障案例，接受工作任务，培养学生服务意识。

2. 填写车辆基本信息。

作业项目	作业内容
整车型号	
工作电压	
电池容量	
车辆识别代码	
电机型号	
里程表读数	
车辆能否 OK	
客户反映	

3. 车辆出现什么故障？

4. 你的工作任务是什么？

三、验症状

1. 实操验证整车故障现象，确认仪表显示、整车状态。
2. 填写工作页。

作业项目	作业内容	备注
车辆能否正常上电		
确认仪表显示		
※确认故障症状并记录症状现象		

> 验证故障现象，方法正确、关注细节，培育学生严谨、认真的工作态度。

四、预诊断

1. 读取故障码和数据流。
2. 根据主机厂的标准，对数据进行分析。
3. 完成车辆基本检查。
a. 做好高压安全防护和断电流程。
b. 实操车辆基本检查操作，并注意安全事项。
4. 填写任务工作页。

作业项目	作业内容				备注
读取故障码及模块通信状态					
正确读取数据	项目	数值	单位	判断	※如果无相关数据，则无须填写
清除故障码并再次读取	确认故障码是否再次出现，并填写结果 □无 DTC □有 DTC：				
车辆基本检查	电路/插接器外观及连接情况 □正常　□不正常 零件安装等 □正常　□不正常 其他 □正常　□不正常				※不拆装

五、收信息

1. 根据热管理系统结构与功能，画出思维导图。

2. 简述新能源车热管理功能架构的特点。

3. 画出 EV450 热管理系统控制回路简图。

4. 多项选择题

1）北汽 EU5 热管理系统回路控制分析正确的是（   ）。

A. 系统分为两个部分

B. 当电池不需要冷却时，电子膨胀阀关闭，切断流向交换器的回路

C. 采用的制冷剂是 R134a

D. 采用热泵系统

2）北汽 EU5 电驱系统热管理系统描述正确的有（   ）。

A. 电驱系统热管理系统是独立系统

B. 保持电驱系统合适的温度

C 当温度超过阈值时，电机流出的较高温度冷却液通过散热器与空气的热交换降温

D. 温度高于 OFF 对应的温度，则输出相应的水泵 PWM 值或风扇档位

3）有关定速风扇控制温度阈值描述准确的是（   ）。

A. 电机温度 70℃时低速风扇开启

B. 冷却液温度 48℃时低速风扇开启

C. 充电温度 65℃时低速风扇关闭

D. DC/DC 温度 75℃时高速风扇开启

六、找原因

通过分组讨论分析故障原因和制订检修热管理故障方案，培养学生团队合作能力、分析问题和解决问题的能力，提高学生的逻辑思维能力。

1. 根据故障案例，小组讨论，共同分析原因，画出故障树。
2. 小组分享故障树。
3. 倾听教师和企业导师点评。
4. 小组补充完善故障树，完善工作页。
5. 小组共同讨论确定最有可能的故障范围，完善工作页。

作业项目	作业内容	备注
分析故障原因	分析案例中产生故障的可能原因，并画出故障树	
确定故障范围	根据诊断数据和电路图分析，确定最有可能的故障范围	

七、定计划

通过分组讨论、完成分析故障原因和制订维修方案，并能说出诊断流程和分析方法，培养学生的合作能力和逻辑思维能力。

1. 小组讨论，制订检修流程，完成工作页。

	序号	工作步骤	使用工具、量具、仪器、资料	操作规范	安全、5S
工作计划					

2. 展示工作计划。

八、做诊断

梳理科学、严谨的诊断思路，按照既定计划执行作业，检测过程严谨，培养学生精益求精的工作态度。

实施故障诊断方案，同时记录数据填写工作页，分析检测数据，确定故障点。

作业项目	作业内容		备注
部件/电路测试	部件/电路范围	检查或测试后的判断结果	※注明测试条件、插件代码和编号，控制单元端子代号以及测量结果
		□正常　　□不正常	
		□正常　　□不正常	
		□正常　　□不正常	
		□正常　　□不正常	
		□正常　　□不正常	
		□正常　　□不正常	
		□正常　　□不正常	
		□正常　　□不正常	
		□正常　　□不正常	
		□正常　　□不正常	
		□正常　　□不正常	
		□正常　　□不正常	
		□正常　　□不正常	
		□正常　　□不正常	
	波形采集（不用者不填）	□正常　　□不正常	

九、析机理

结合热管理系统的控制原理和策略，对照故障现象、数据分析、诊断测量，查找故障点，剖析故障的内因，培养学生的逻辑诊断思维。

1. 小组讨论，分析故障机理，完成工作页。
2. 小组展示讨论结果。

作业项目	作业内容		备注
分析机理	分析故障机理，提出维修建议 故障机理可能原因：		
	维修建议		

3. 倾听和反思，分析问题，及时修正，填写评价表。

十、排故障

1. 排除热管理系统故障、竣工检查和 5S 管理，完成工作页。

作业项目	作业内容			备注
排除故障	故障类型	确认的故障位置	排除处理说明	
	电路故障		☐更换　☐维修　☐调整	
	元件故障		☐更换　☐维修　☐调整	

2. 扮演客户和维修接待角色，模拟交付车辆，与客户有效沟通。

十一、评结果

> 通过总结整个故障诊断过程、总结经验和分享成果，增强学生的职业荣誉感。
> 借助学习思维导图梳理本次工作任务的知识体系，增强记忆，培育自身的学习能力和信息素养。

1. 书写诊断报告。
与其他同学分享经验。
2. 总结。
1）绘制思维导图，梳理本次课程所学知识点。
2）小组代表展示思维导图。
3）补充完善思维导图。

3. 评估。

1）小组讨论，对本次工作任务整体环节总结、反思，归纳需要具体修正提高哪些方面？采取哪些措施？

_____

_____

_____

_____

_____

2）完善评价表。

新能源汽车热管理系统故障诊断检修		实习日期：		
姓名：	班级：	学号：		导师签名：
自评：□熟练 □不熟练	互评：□熟练 □不熟练	师评：□合格 □不合格		
日期：	日期：	日期：		

新能源汽车热管理系统故障诊断检修【评分细则】

序号	评分项	得分条件	分值	评分要求	自评	互评	师评
1	温旧识	□回顾知识情况 □预习热管理系统新知情况	6	未完成 1 项扣 3 分	□熟练 □不熟练	□熟练 □不熟练	□合格 □不合格
2	引案例	□围绕客户任务能专业、清楚地表达，条理分明，能让对方听懂 □能理解热管理系统故障案例，明确工作任务 □注重使用文明用语	9	未完成 1 项扣 3 分	□熟练 □不熟练	□熟练 □不熟练	□合格 □不合格
3	验症状	□能确认热管理系统故障现象 □体现严谨的劳动态度和职业素养	6	未完成 1 项扣 3 分	□熟练 □不熟练	□熟练 □不熟练	□合格 □不合格
4	预诊断	□能运用诊断仪读取故障码和数据流 □能正确分析数据结果 □能对车辆进行规范的基本检查	10	未完成 1 项扣 3 分	□熟练 □不熟练	□熟练 □不熟练	□合格 □不合格
5	收信息	□能快速、准确查阅检索所需资料 □理解热管理系统控制原理和策略 □谈话过程流畅可以控制并体现友善合作意识	10	未完成 1 项扣 3 分	□熟练 □不熟练	□熟练 □不熟练	□合格 □不合格
6	找原因	□能主动参与团队活动和解决问题 □能分析和完善故障原因 □认真倾听，对问题有合理的反映	10	未完成 1 项扣 3 分	□熟练 □不熟练	□熟练 □不熟练	□合格 □不合格
7	定计划	□能依据维修手册制订和完善热管理系统检修方案 □每一个步骤都包括物料、工具、测量仪器、测量内容和标准值等 □考虑时间控制、成本核算、安全与环保等	10	未完成 1 项扣 3 分	□熟练 □不熟练	□熟练 □不熟练	□合格 □不合格

序号	评分项	得分条件	分值	评分要求	自评	互评	师评
8	做诊断	□正确使用检测工具与设备 □能独立地、有针对性地完成热管理故障诊断，且检测的部位、方法和步骤正确 □能正确分析检测数据，确定故障点 □遵守工作安全和环保法规	13	未完成 1 项扣 3 分	□熟练 □不熟练	□熟练 □不熟练	□合格 □不合格
9	析机理	□能主动参与团队活动、分析问题、解决问题 □能够思路清楚地分析故障机理	7	未完成 1 项扣 3 分	□熟练 □不熟练	□熟练 □不熟练	□合格 □不合格
10	排故障	□能规范地排除热管理系统故障 □积极主动完成车辆清洁、整理、整顿和恢复 □能在检修工作中坚守岗位，对客户负责	10	未完成 1 项扣 3 分	□熟练 □不熟练	□熟练 □不熟练	□合格 □不合格
11	评结果	□能规范、正确地编写诊断报告 □能对课程所学知识进行总结 □客观评价反思自己和其他同学的专业知识、专业能力和学习态度等	9	未完成 1 项扣 3 分	□熟练 □不熟练	□熟练 □不熟练	□合格 □不合格

总分：